国家社会科学基金面上项目:供给侧结构性改革背景下我国农村金融服务创新与风险控制研究(17BJY119)
黑龙江省哲学社会科学习近平总书记专项项目:供给侧结构性改革背景下黑龙江省现代化农业发展金融支持研究(16YJH01)
黑龙江省博士后基金项目:基于创新驱动战略的制造企业生产模式选择与实施研究(LBH-214125)

我国农村商业银行
经营效率评价及影响因素研究

Research on Operating Efficiency Evaluation and Influencing Factors of China's Rural Commercial Banks

姚凤阁　满小莉◎著

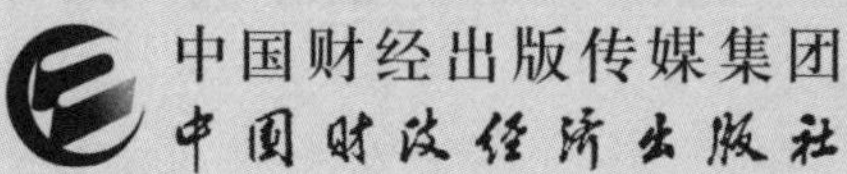

中国财经出版传媒集团
中国财政经济出版社

图书在版编目（CIP）数据

我国农村商业银行经营效率评价及影响因素研究 / 姚凤阁，满小莉著. --北京：中国财政经济出版社，2020.3

ISBN 978-7-5095-9676-0

Ⅰ. ①我… Ⅱ. ①姚… ②满… Ⅲ. ①农业商业银行-经营管理-经济评价-研究-中国 ②农村商业银行-经营管理-影响因素-研究-中国 Ⅳ. ①F832.33

中国版本图书馆 CIP 数据核字（2020）第 036280 号

责任编辑：胡 博 庄 莉　　　　责任校对：徐艳丽
封面设计：孙俪铭

中国财政经济出版社 出版
URL：http：//www.cfeph.cn
E-mail：cfeph @ cfeph.cn

社址：北京市海淀区阜成路甲 28 号 邮政编码：100142
营销中心电话：010-88191537
北京财经印刷厂印刷 各地新华书店经销
787×1092 毫米 16 开 11 印张 164 000 字
2020 年 3 月第 1 版 2020 年 3 月北京第 1 次印刷
定价：50.00 元
ISBN 978-7-5095-9676-0
（图书出现印装问题，本社负责调换）
本社质量投诉电话：010-88190744
打击盗版举报热线：010-88191661 QQ：2242791300

前　言

党的十九大提出“实施乡村振兴战略”，并着重强调“加快推进农业农村现代化”。成功实现由农业大国向农业强国转变，是中国梦的重要拼图。作为支农金融服务的主力军，我国农村商业银行在推动“三农”和小微企业发展上发挥的重要作用是不可替代的。然而，在全球经济增速放缓、金融改革持续深化以及互联网金融猛烈冲击的背景下，村镇银行又大量涌现，区域金融市场竞争主体日益增多，金融市场环境复杂多变，致使农村商业银行面临的市场竞争变得更加紧迫和激烈，这也越发凸显出农村商业银行资金筹集困难、贷款回收困难、对“三农”支持力度不足等突出短板，而效率提升又是促进我国农村商业银行以较低成本获取所需资金，实现追求利润最大化和服务“三农”发展双重发展目标的重要途径。因此，对我国农村商业银行效率进行评价，研究如何提升其效率具有鲜明的时代意义。本书的主要工作有：

第一，基于系统论的视角探析了我国农村商业银行经营效率理论框架。通过对系统论、效率理论、商业银行经营理论等相关理论的分析，发现农村商业银行经营系统由资金筹集子系统、资金运营子系统和服务应用子系统构成，且资金筹集子系统、资金运营子系统、服务应用子系统之间存在着相互促进、彼此制约的关系，农村商业银行经营效率则是对资金筹集子系统、资金运营子系统、服务应用子系统三者间复杂关系的度量，基于“资金筹集—资金运营—服务应用”系统视角构建了农村商业银行经营效率理论框架，将农村商业银行经营效率进一步界定为通过提供人力、物力、财力支持，在保证农村商业银行以最小化的成本筹集所需资金的同时，实现农村商业银行利润最大化，促进农村商业银行最大限度地服务“三农”发展。

第二，建立了我国农村商业银行经营效率评价指标体系。在对我国农村商业银行发展和投入产出进行分析的基础上，根据农村商业银行经营效率评价指标体系构建的基本原则，在现有研究成果基础上，补充服务应用子系统指标，构建了我国农村商业银行经营效率评价指标体系，具体选择贷款余额、资产收益率、所有者权益收益率、拨备覆盖率、人民币存贷比例作为农村商业银行服务应用子系统盈利性、安全性投入的衡量指标，选择第一产业增加值、农户固定资产投资总额、农村最低生活保障支出、养老院个数、农民人均纯收入、农民人均消费性支出、成灾率作为农村商业银行服务应用子系统农业农村经济发展、农村社会发展、农村居民生活、农村生态环境产出的衡量指标。

第三，选取了我国农村商业银行经营效率评价模型并进行相应实证分析。选取我国45家农村商业银行2012—2017年数据为样本，采用三阶段网络DEA模型和ESDA模型对我国农村商业银行资金筹集效率、资金运营效率、服务应用效率以及农村商业银行经营效率进行分析评价，并对农村商业银行经营效率与国有商业银行和股份制商业银行进行了比较。研究发现，从时间演变角度看：一是在全国层面，资金筹集、资金运营、服务应用三个子系统效率小于1共同导致了我国农村商业银行经营效率均值小于1，且资金筹集子系统效率过低是拉低农村商业银行经营效率的主要原因。三个系统技术退步是导致我国农村商业银行经营效率均值小于1的根本原因。二是在区域层面，东部地区相比于西部和中部地区，农村商业银行经营效率值最高，且均值大于1，实现了样本期间的有效运行。中部和西部地区效率低下是导致我国农村商业银行经营效率下降的主要原因。从区域联系角度：农村商业银行经营效率相关性检验说明，我国农村商业银行经营效率存在正的交互作用，而且其交互作用越来越明显，也就是说，我国农村商业银行经营效率具有较明显的集聚特征，具有相近经营效率的农村商业银行相互影响。从行业差距角度看：我国农村商业银行经营效率低于国有商业银行，与股份制商业银行经营效率相近。

第四，分析了我国农村商业银行经营效率的影响因素并进行了实证研究。从理论上具体分析了经济发展、经济风险、发展战略、管理水平、创新能力等因素对农村商业银行经营效率的作用机理，并实证分析了这些因素影响农村商业银行经营效率的方向。基于自体抽样稳健最小二乘估计了农村商业银行效率的外部影响因素，结果表明国内生产总值和货币供应量对农村商业银行效率的影响是显著的正向影响，消费者价格指数对农村商业银行效率具有显著的负向影响。基于系统GMM估计农村商业银行效率的内部影响因素，结果表明不良贷款率和贷存比与农村商业银行效率呈显著负相关关系，总资产、创新能力与农村商业银行效率呈显著正相关关系。

第五，提出了提高我国农村商业银行经营效率的对策建议。基于农村商业经营效率评价结果和效率影响因素的分析，发现应从加强农村商业银行政策支持扶持、加强农村商业银行战略规划管理、加强农村商业银行经营管理水平、加强农村商业银行服务创新能力等方面，不断提升我国农村商业银行经营效率，更好地发挥农村商业银行在推进“三农”更好更快发展中的重要作用。

目 录

1 绪 论

1.1 研究背景

进入21世纪后，自2004年，中央《关于促进农民增加收入若干政策的意见》发布起，直到2020年，中央一号文件连续十七年的主题都是“三农”问题，政府出台了一系列强农支农惠农政策。2015年10月，党的第十八届五中全会通过的“十三五”规划建议，大力推动农业现代化发展。2015年12月31日，中共中央和国务院联合出台《关于落实发展新理念加快农业现代化实现全面小康目标的若干意见》，意见中指出农业的又好又快发展不仅有助于全面小康社会的建设，更是实现四个现代化的基础。2016年，党中央出台的中央一号文件指出农业实现现代化发展的原动力在于全国各省市农村地区深化改革的全面开展。2017年，党中央出台的“一号文件”，强调从供给侧发力、在体制机制创新上做文章，从而更好地促进“三农”发展，开辟农业农村现代化发展新篇章。习近平总书记在党的十九大报告中明确指出，实施乡村振兴战略，把解决好“三农”问题作为全党工作的重中之重，坚持农业农村优先发展，加快推进农业农村现代化。

从20世纪50年代以来，在我国农村金融体系中，农村信用合作社处于重点位置，不仅为农村城镇化建设，而且为农村经济发展和农村基础设施建设都做出了不可超越的贡献[1]。然而，21世纪以来，由于农村地区金融环境的改变以及金融需求变轨发展，农信社不仅受到诸多体制的影响，而且来自于中资、外资大型股份制商业银行向农村地区扩张的巨大的竞争压力，在双重压制之下，农村信用合作社“支农扶小”的历史使命面临严峻的“瓶颈期”，改革迫在眉睫[2]。在改革初期，农村商业银行作为农村信用合作社改革的方向之一，经过多年发展，农村商业银行已成为农村信用合作社股份制改革后的主要模式，成为了现代农村金融体系中的重要成员。

现如今，在国家政策大力推进农村信用合作社股份制改革的背景下，改革进程也在稳步进行。2013 年 2 月 19 日，银监会正式下发《中国银监会办公厅关于做好 2013 年农村金融服务工作的通知》（以下简称《通知》），《通知》中重点指出："在保持农村信用合作社县域法人地位不变的前提下，稳步推进农村信用合作社转制为农村商业银行，成熟一家改制一家。"在清收盘活不良贷款、经过清产核资、构建新型产权关系和加快业务发展等改制方法之后，一部分农村信用合作社不仅改善了经营财务状况和资产质量，而且产权制度也得到了有效改革，并完善了内部治理结构，改善了我国农村金融服务水平，成功完成了农村信用合作社向农村商业银行的成功转型。在农村信用合作社改革的快速发展之下，作为农村金融服务的主力军，农村商业银行肩负着新农村建设、促进乡镇企业健康发展以及不断提高农村经济持续健康发展的重要使命。改制之后，农村商业银行发展逐步趋于稳定，不良贷款率降低，在推动农村经济发展、完善农村金融市场体系、建设新型农村城镇化方面起到一定的促进作用。

21 世纪以来，"三农"问题已成为制约我国经济社会发展的重要因素，因此，农村金融在改善农村贫富差距，推进农村经济快速发展过程中起到举足轻重的作用，农业由于其行业特殊性，具有显著的弱势性和一定程度的公共品属性，农业的发展需要依托于金融市场的发展。在全球经济增速放缓、金融改革持续深化以及互联网金融猛烈冲击的背景下，区域金融市场竞争主体日益增多，金融市场环境复杂多变，致使农村商业银行面临的市场竞争变得更加紧迫和激烈，这也越发凸显出农村商业银行资金筹集困难、贷款回收困难、对"三农"支持力度不足等突出短板，而经营效率提升又是促进我国农村商业银行以较低成本获取所需资金，实现追求利润最大化和服务"三农"发展双重发展目标的重要途径。因此，对我国农村商业银行经营效率展开研究，并有针对性地进行优化改进，具有很强的紧迫性和务实性。

1.2 研究目的及意义

1.2.1 研究目的

以当前我国农村商业银行扩大资金来源、实现利润最大化和最大限度服务“三农”的迫切需求为切入点，探析农村商业银行经营效率理论框架，结合农村商业银行经营发展现状和投入产出状况，构建农村商业银行经营效率评价指标体系，评价农村商业银行经营效率状况，深层次挖掘影响农村商业银行经营效率的相关因素，在此基础上，结合对农村商业银行经营效率的测度评价和经营效率影响因素的分析，提出提升我国农村商业银行经营效率的对策建议，为保证农村商业银行实现商业可持续，平衡公益性和商业性，优化金融环境，促进农村经济协调发展及金融服务惠及更广泛的资金需求主体，奠定理论研究和实践基础。基于此，我们要实现以下研究目的：

（1）构建我国农村商业银行经营效率评价的理论分析框架，在此基础上，综合测度我国农村商业银行经营效率，分析影响我国农村商业银行经营效率的因素，为深化我国农村商业银行改革提供理论和实证支撑。

（2）提出提高我国农村商业银行经营效率的对策建议。将本研究得出的结论与实践相结合并服务于实践，农村商业银行经营效率的提升，不仅有助于促进农村商业银行可持续发展，更有助于推动农村经济发展，加快现代农业建设和金融体系完善进程，助推建设现代化农业强国的战略目标早日实现。

1.2.2 研究意义

我国农村商业银行作为区域性金融机构，在发展规模、公司治理、经营管理和盈利能力等方面卓有成效，也是地区内农业经济增长的持续推动力和主导要素。而农村商业银行经营效率的提升更是推动我国农村经济社会快速发展的重要保障，针对我国农村商业银行经营效率相对较低的现状，研究如何提升我国农村商业银行经营效率具有重要的理论意义与实践价值。

1. 理论意义。在对已有文献分析加工的基础上，以如何提升我国农村商业银行经营效率为逻辑主线，按照提出问题、分析问题、解决问题的研究脉络，在现有理论基础上，提出系统的、符合农村金融改革发展要求的农村商业银行经营效率理论分析框架，对我国农村商业银行经营效率评价与提升问题进行分析，为我国农村金融体系完善与发展提供理论参考，大大拓宽了效率相关理论在农村金融领域的拓展，同时完善了农村金融机构效率评价的理论体系。

2. 实际意义。当前，我国农村金融体系仍然以间接融资为主导，农村商业银行的经营效率直接关系到稀缺的金融资源在农村社会中的配置，进而影响农村经济增长、农业产业发展和农户农民增收，也就是说，农村商业银行经营效率提升是农业农村经济平稳增长的重要支撑。因此，对农村商业银行经营效率进行研究具有十分重要的现实意义。农村金融改革是促进“三农”发展的重要引擎，挖掘农村商业银行在推动农村金融改革进程中的积极作用，建立一个更完善、更有活力的真正为农村建设服务的农村商业银行，推动农村金融服务创新，拉动农村投资和消费，实现我国农村科学发展新模式，对我们在制度设计、政策安排等方面的能力都是一次挑战。提高农村商业银行经营效率虽然不是解决“三农”发展问题的万能方法，但却是农村金融改革和“三农”发展进程中不可或缺的重要环节，本书建立农村商业银行经营效率研究模型，实证分析我国农村商业银行经营效率水平，以及影响我国农村商业银行经营效率的主要因素，理论联系实践，探求提高农村商业银行经营效率的对策和建议，为更好地推动农村商业银行发展，以及农村商业银行更有效地推动“三农”发展提供了思路和改革方向，同时，为相关部门制定发展战略提供了一定的参考。

1.3 国内外研究现状及评述

国内外学者在商业银行效率方面的研究已经比较成熟和完善，近年来的研究主要集中在创新效率评价方法上，且研究的重点已经不是对商业银行效率研究起步阶段的规模和范围效率，已经转变为重点研究商业银行的前沿效率，相应的研究方法也从最初的财务指标法转向了前沿效率评价方法。

1.3.1 国外相关研究现状

在国外的银行业中没有农村商业银行这个说法，近年来，国外学者们开始将商业银行效率的研究方法运用到农村金融机构效率研究上。

1. 关于银行效率理论和方法。20 世纪 50 年代，国外学者开始研究银行效率，大体上经历了三个阶段，20 世纪 50 年代开始为第一阶段，主要研究银行的规模效率；20 世纪 80 年代到 90 年代为第二阶段，主要研究银行的范围效率；20 世纪 90 年代以来为第三阶段，主要研究银行的前沿效率（即 X－效率）。国外学者通常将规模效率定义为规模经济，银行规模经济是指随着银行扩大资产和扩张机构等规模的增加，银行的平均成本不断下降；反之，银行规模不经济是指随着银行扩大资产和扩张机构等规模的增加，银行的平均成本不变或不断上升。从 20 世纪 80 年代开始，商业银行在政府逐渐放松金融管制的背景下开始跨地区设立分支机构，通过新产品的不断开发，商业银行经营的地域限制和商业银行的分业经营模式被打破。国外学者研究的重点也从银行规模效率转向了银行范围效率，也就是银行经营地域的扩张和经营产品的多元化是否能够促进银行效率的提升。进入 20 世纪 90 年代后，各个商业银行开始进行大规模的合并，推动银行业务向综合化发展。政策制定部门及理论界共同关心的问题逐步转向巨型银行是否有利于资源配置效率的提升。在这样的背景下，国外学者展开了对商业银行前沿效率（X－效率）的研究。Solow（1957）是提出前沿生产函数的第一人，并把前沿生产函数作为评价效率标准[3]。前沿分析的核心思想是使一组已知的投入产出观测值，都在由这组观测值定义出的所有可能投入产出组合的生产前沿面之内。从生产效率角度研究商业银行效率最普遍采用的一种重要方法就是前沿效率方法。在既定的外部市场条件和技术条件下，效率前沿商业银行就是能够以最小投入实现最大化利润的商业银行，相较于效率前沿商业银行的偏离程度即为效率损失。前沿效率不是绝对值，而是一种相对效率，样本中的最佳机构或其组合构成了效率前沿面[4]。多投入多产出经济个体效率的度量框架以及技术效率和配置效率的概念最早是由Farrell（1957）[5]提出。Farrell将前沿效率分为技术效率和配置效率，技术效率是指企业在既定投入的情况下实现产出最大化的能力，配置效率是指在投入既定的情况下，企业以合适的比例使用既定投入的能力[6]。Leibenstein（1996）[7]对Farrell的前沿效率进行了延续和扩展，将其定义为X－效率，也就是除了规模和范围之外的商业银行经营管理的技术效率和配置效率。Farrell和Leibenstein对前沿效率的定义是国外学者比较接受和认同的。

从研究方法上看，20世纪90年代以后，有关银行效率问题的研究，国外学者就已经将研究方法从财务指标的角度转向了生产效率，也就是前沿效率[8]。主要采用的是实证分析的方法，通常分为两个步骤来研究，一是利用各种前沿分析方法，界定效率的定义及评价技术，然后对样本银行投入产出结果进行比较分析，测算出每家银行相较于效率最佳银行的距离及在全部样本中的排名[9]；二是根据各自的研究目的，探究银行效率的相关影响因素，既包括外生因素，如市场、管制特点等对银行效率的影响，也包括内生因素，如银行结构、资产组合、内部管理差异等对银行效率的影响，尤其是通过内生因素的分析，解释所观测到的银行间效率的差异状况[10]。近年来，国外学者对商业银行效率的研究大多采用前沿效率分析法，前沿效率分析按照前沿生产函数是否估计参数分为参数法和非参数法。参数法的生产函数按照不同假设来设定，并在设定生产函数的基础上对其参数进行估计。非参数法无须设定生产函数，也无须估计生产函数参数。实践中运用较为广泛的前沿效率分析方法主要有五种[11]。参数法主要有三种，包括随机前沿法（SFA）、自由分布法（DFA）、厚前沿法（TFA）[12]。非参数法主要有两种，包括数据包络分析法（DEA）、无界分析法（FDH）[13]。厚前沿法被Wagenvoort和Schure进行了深化，提出了递归厚前沿法（RTFA），但在实际研究中几乎没有对该方法的应用[14]。

2. 关于农村金融机构效率界定。国外大多数学者利用前沿分析方法确定效率的定义，Yaron等（1997）[15]考虑到农村金融机构的商业可持续和社会责任，提出了包含财务和覆盖面指标的农村金融机构的效率评估框架，这是国际上专门针对农村金融机构经营效率的评估框架。基于Yaron等（1997）提出的农村金融机构双重评估框架，国外学者在此基础上展开了对农村金融机构效率的评估，也有学者在已有研究方法的基础上，对研究对象的效率赋予新的概念界定。Begona等（2007）[16]认为微型金融机构同时具备盈利性和社会性，并基于Yaron等（1997）提出的双重评估架构选择了投入产出指标，但其选择的投入指标为信贷工作人员数量和营业费用，产出指标为利息收入、贷款总额和尚未偿还的贷款笔数，并未涉及到体现社会职责的指标。Annim（2012）[17]基于前人的研究，从狭义和广义两个方面，对微型金融组织的财务效率进行了界定。只有Guitierrez-Nieto等（2009）[18]在考虑小额贷款机构财务目标的同时也考虑了其社会目标，选取投入指标、财务和社会产出指标来界定小额贷款机构的财务和社会效率。

3. 关于农村金融机构效率评价。国外学者对于金融效率的研究主要是银行前沿效率的研究，近年来，学者们又开始借鉴银行效率的评价方法来评价农村金融机构的效率。学者们对银行前沿效率有不同的定义和不同的研究方法，得到的商业银行前沿效率值差异也较大，因此，目前没有明确统一的意见提出一种最优的前沿效率分析法[19]。Berger和Humphrey在1992年对122个存款金融机构前沿效率进行研究，运用非参数法的有69个，其中运用数据包络分析法（DEA）的有62个；运用参数法的有60个，其中运用随机前沿法（SFA）的有24个，运用自由分布法（DFA）有20个，运用厚前沿法（TFA）的有16个。没有一种方法是被普遍认可的，但是对非参数法特别是数据包络分析法（DEA）的运用比较多。

运用参数法测度和评价银行效率比较常见的是采用随机前沿法（SFA）。Isik等（2002）[20]运用随机前沿法（SFA），测算了土耳其银行成本和利润效率，发现成本效率远低于利润效率。Simon（2006）[21]运用随机前沿法（SFA），测算了香港商业银行效率，发现在经营效益达到边际成本前，香港商业银行的X-效率逐渐降低。Weill（2010）[22]基于东欧、西欧955家商业银行的数据，运用随机前沿法（SFA），测算了商业银行效率，发现东欧和西欧商业银行效率差距逐渐缩小。Walid 等(2012)[23]基于 1994—2009 年的数据，运用随机前沿法（SFA），测算了科威特商业银行效率，发现科威特商业银行整体效率较高。借鉴商业银行效率评价方法，将随机前沿法（SFA）运用到农村金融机构效率评价比较有代表性的有：Hassan 等（2001）[24]基于格莱珉银行分支机构的数据，应用随机前沿方法（SFA），测算了银行分支机构的效率，发现聘用了女员工的分支机构效率较高。Desrochers 等（2003）[25]基于菲律宾农村合作银行的数据，应用随机前沿方法（SFA），对菲律宾农村合作银行的效率进行测度。Hermes 等（2011）[26]运用随机前沿方法（SFA），测算小额信贷机构扩大服务范围和提高经营效率之间的平衡。Servin 等(2012)[27]基于 18 个拉丁美洲国家的 315 个小额信贷机构数据，运用随机前沿方法（SFA）测算其经营效率，发现合作社相较于非银行金融机构和银行经营效率最低。

运用非参数法测度和评价银行效率比较常见的是采用数据包络分析法（DEA）。Sherman 和 Gold（1985）[28]实证分析商业银行效率时，第一次运用了 DEA 模型，通过实证分析发现数据包络分析方法可以对银行效率进行有效测度。Rangan 等（1988）[29]基于 215 家银行 1986 年的数据，运用数据包络分析法（DEA），测算了美国银行效率。Barr 等（2002）[30]基于 1994—1998 年的数据，运用数据包络分析（DEA）方法，测算了美国商业银行效率。Maudos 等（2003）[31]基于西班牙商业银行 1985—1996 年的数据，运用数据包络分析法（DEA），测算了银行的成本和利润效率，发现利润效率远低于成本效率。Penny（2004）[32]基于 1995—1999 年的数据，运用数据包络分析法（DEA），测算了澳大利亚商业银行的 X 效率，发现专业银行效率高于区域性银行。Kumar 等（2009）[33]基于 27 家印度银行 2008—2009 年的数据，运用数据包络分析法（DEA），测算了银行效率，发现印度银行效率水平较高。Banker 等（2010）[34]运用数据包络分析法（DEA），测算了亚太危机之前和之后韩国商业银行效率。Dvaid（2011）[35]基于 2001—2008 年的数据，运用数据包络分析法(DEA)，测算了发展中国家商业银行的效率，发现发展中国家银行效率逐步提高。Al - Khasawneh（2013）[36]基于 359 个美国商业银行的数据，运用数据包络分析法（DEA），测算了商业银行的X-效率，发现未合并的商业银行效率低于合并后的商业银行效率。Erasmus 等（2014）[37] 基于2008—2009 年的数据，运用数据包络分析法（DEA），测算了南非商业银行效率，发现南非商业银行效率没有受到金融危机影响，效率比较高。Tsolas 等（2015）[38] 运用引入贷款损失准备金的数据包络分析（DEA）方法，测算了希腊银行效率，发现引入风险的模型优于原有模型。借鉴商业银行效率评价方法，将数据包络分析法（DEA）运用到农村金融机构效率评价比较有代表性的有：Fukuyama 等（1999）[39] 基于 1992—1996 年的数据，运用数据包络分析方法（DEA），对日本信用合作社效率进行了测度。Pilie 等（2002）[40] 运用数据包络分析方法（DEA），对加拿大安大略省信用合作社效率进行了测度。Worthington（2004）[41] 运用两阶段 DEA 方法，对澳大利亚信用社效率进行了测度。Dong 等（2006）[42] 运用数据包络分析方法（DEA），对中国农村信用合作社的效率进行测度，发现各省份农村信用合作社之间效率的差距并不大。Begona 等（2007）基于 30 家拉丁美洲微型金融机构的数据，运用数据包络分析方法（DEA），对微型金融机构的效率进行了测度，并对不同机构间效率出现差异的原因进行了分析。Bergendahl 等（2008）[43] 运用数据包络分析方法（DEA），对不以盈利为目的的瑞典储蓄银行经营效率进行了测度。Guitierrez-Nieto 等（2009）基于 89 家小额贷款机构的数据，应用数据包络分析方法（DEA），对小额贷款机构的效率进行了测度。Glass 等（2010）[44] 运用两阶段 DEA 方法，对爱尔兰信用社效率进行了测度。Wheelock 等（2013）[45] 基于 1989—2006 年的数据，运用 DEA 的 Malmquist 指数方法，对美国信用社效率进行了测度。

运用网络 DEA 测度和评价银行效率比较有代表性的有：Seiford 等（1999）[46] 基于 55 家美国大型商业银行数据，根据美国商业银行的经营过程，将美国商业银行的经营效率分为盈利效率和市场效率，运用网络 DEA 方法，对美国商业银行经营效率进行了测度。Seiford 等（1999）事实上是在划分的美国商业银行两个经营过程分别运用 DEA 方法，不是真正意义上运用了两阶段网络 DEA 模型，但把网络 DEA 的思想引入了银行效率评价研究。Chen 等（2004）[47] 在 Seiford 等（1999）研究的基础上，运用两阶段网络 DEA 方法，对银行经营效率进行了测度。Kao 等(2008)[48]提出的网络 DEA 模型，整体系统效率为两个子系统效率的乘积。Chen 等（2009）[49]在 Kao 等（2008）研究的基础上建立的网络 DEA 模型，整体系统效率为两个子系统效率的加权和。Fukuyama 等(2010)[50]基于日本商业银行 2000—2006 年的数据，运用两阶段网络 DEA 模型，对日本商业银行效率进行了测度。Akther 等（2013）[51]基于 21 家孟加拉国商业银行的数据，运用 SBM 两阶段网络 DEA 模型，对商业银行效率进行了测度。Wang 等（2014）[52]基于 16 家中国主要商业银行数据，运用两阶段网络 DEA 模型，对商业银行经营效率进行了测度，发现揽储子系统的无效率导致了商业银行经营无效。Zha 等（2016）[53]基于 25 家中国商业银行 2008—2012 年的数据，运用 SBM 动态两阶段网络 DEA 模型，对商业银行经营效率进行了测度，发展生产子系统和盈利子系统的无效率共同导致了商业银行经营无效。运用网络 DEA 方法对农村金融机构效率进行的研究目前还比较匮乏。

4. 关于农村金融机构效率影响因素。从世界层面来看，农村合作金融机构具有普遍性，各国经济社会文化背景等差异较大，选择的农村金融机构效率影响因素也存在一定的差异。Fried 等（1996）[54]认为对大学附属信用社经营效率具有重要影响的因素主要包括员工的教育程度以及董事会的监督管理程度。Fukuyama 等（1999）发现外资经营的信用合作社具有较高的经营效率且经营效率提高得更快。Esho（2001）[55]发现澳大利亚合作金融机构规模对效率有正向影响。Hassan 等（2001）[56]发现政府扶持对格莱珉乡村银行效率有显著的正向影响，而银行规模对效率影响不显著。Pilie 等（2002）发现衡量拥有较大资产规模的加拿大安大略省信用合作社经营效率可以用股权资产比，信用合作社与经营效率较高和较低机构管理水平的对比能够促进自身经营效率改善。Desrochers 等（2003）检验管理水平对菲律宾农村合作银行效率的影响，发现管理水平对菲律宾农村合作银行的效率具有正向影响，管理水平越高的银行效率越高。Worthington（2004）发现资产规模、管理能力对澳大利亚信用社效率有正向影响，资产质量有负向影响。Bos 等（2006）[57]发现造成荷兰合作金融机构低效率的重要因素是环境因素。Fu 等（2008）[58]发现现代信息技术的创新应用对印度合作银行效率有显著正向影响。Glass等（2010）发现监管部门规定的不良贷款率不会使爱尔兰信用社产生额外的机会成本。Hermes等（2011）发现扩大服务范围对小额信贷机构经营效率有负向影响。Grifell - Tatje（2011）[59]发现自由化、解除管制等激励缩小了西班牙金融合作社与西班牙商业银行、储蓄银行效率的差距，外部环境的激励对合作社效率有正向影响。Wheelock等（2013）发现规模较小的美国信用社效率逐年下降。由此可见，选择环境因素、资产水平、管理水平、创新能力等作为农村金融机构效率影响因素的居多，环境因素、管理水平、创新能力的研究结果比较一致，国外学者普遍认为宽松的外部环境、较高的管理水平、较强的创新能力有利于农村金融机构效率提升，但资产规模对农村金融机构效率的影响存在一定的争议。

1.3.2 国内相关研究现状

对银行效率的研究，国内起步比较晚，研究的重点是银行效率的测度和评价，以及各类因素影响银行效率的实证检验。

1. 关于农村商业银行效率的界定。大多数学者都从营业利润、风险控制等视角研究农村商业银行效率。例如，盛煜（2012）[60]、王玲等（2013）[61]、王伟等（2014）[62]、张蓉等（2017）[63]、钟康沛（2017）[64]、姚凤阁等（2017）[65]、吴雪华等（2018）[66]、田雅群等（2018）[67]认为农村商业银行效率主要体现在其盈利性方面，进而应从节约成本、增加收益的角度研究农村商业银行效率。陈伟平等（2015）[68]、王修华等（2016）[69]、王文莉等（2017）[70]、李婷婷等（2017）[71]、薛薇（2018）[72]认为应从农村商业银行的收益、风险控制方面多维度研究农村商业银行效率。国内学者的研究充分考虑了农村商业银行经营特点及经营目标，分别从农村商业银行盈利性、安全性等角度研究分析了农村商业银行效率，但却未考虑到农村商业银行服务“三农”的特殊性，也并未考虑从农村商业银行实现“三性”原则与农村商业银行服务“三农”相互制衡的角度来研究农村商业银行效率。由表1-1可以看出，国内学者在对农村商业银行效率界定和构建评价指标体系的时候没有完全捕捉到农村商业银行的双重作用，农村商业银行的特征决定了其在实现自身可持续发展的同时，必须最大限度地服务“三农”发展，已有对农村商业银行效率研究的侧重点和投入产出指标的选择大多以实现农村商业银行自身可持续发展为落脚点，忽视了农村商业银行服务“三农”的特殊职能。

表 1-1　　农村商业银行效率投入产出一览表

	专家学者	年份	投入指标	产出指标
营业利润视角	盛煜	2012	固定资产净值、利息支出、营业支出	净利润
	王玲等	2013	营业成本、劳动力、所有者权益	存款额、贷款额、净利润
	王伟等	2014	固定资产、所有者权益、营业支出	营业收入、贷款总额
	张蓉等	2017	利息支出、营业支出、存款总额	利息收入、非利息收入、贷款总额
	钟康沛	2017	所有者权益、人力资本投入、经营费用	存款总额、贷款总额、净利润
	姚凤阁等	2017	固定资产、营业支出、所有者权益、存款余额	净利润
	吴雪华等	2018	营业支出、总资产、总存款	利息净收入、净利润
	田雅群等	2018	借入资金的价格、其他非利息运营成本	总贷款余额、手续费收入、其他盈利资产
风险控制视角	陈伟平等	2015	存款、非利息支出、固定资产、所有者权益	正常贷款、不良贷款、非利息收入、证券投资净额
	王修华等	2016	存款、利息支出、营业支出	正常贷款、利息收入、非利息收入、不良贷款
	王文莉等	2017	员工人数、固定资产、营业支出、利息支出	净利润、不良贷款
	李婷婷等	2017	存款总额、贷款总额、中间业务收入、业务管理费、涉农贷款总额、员工人数	资产规模、利润总额、不良贷款率
	薛薇	2018	员工人数、存款总额、分支机构数、固定资产净值	贷款总额、净收入、不良贷款

2. 关于农村商业银行效率评价。国内学者对商业银行效率的研究多基于国有商业银行、股份制商业银行、城市商业银行，这是由于我国商业银行地位的特殊性决定的，丰富的效率评价方法为农村商业银行效率评价提供了借鉴和参考。对于商业银行效率的研究，尽管国内起步比较晚，目前已经形成了一定的研究成果，主要体现在研究方法的创新上，且以前沿效率研究居多。国内学者从 2011 年开始关注农村商业银行效率问题，且选取的样本银行数据基本是截面数据，2014 年才开始选取面板数据研究农村商业银行效率问题，但关于农村商业银行效率的研究一直相对较少，基本上是对前沿效率的研究。

运用参数法测度和评价效率比较常见的是采用随机前沿法（SFA）。姚树洁等（2004）[73]、迟国泰等（2005）[74]、何蛟等（2010）[75]、吕品等（2010）[76]、张金清等（2010）[77]、程茂勇等（2011）[78]、张晓岚等（2012）[79]、刘孟飞等（2013）[80]、王婧（2014）[81]、陈其安等（2015）[82]、申创等（2017）[83]、顾晓安等（2017）[84]、王文清（2018）[85]、黄勃等（2018）[86]、赵亮（2018）[87]、刘新宇等（2018）[88]、钟世和等（2018）[89]分别运用随机前沿法（SFA）、改进的 SFA 模型测算了我国商业银行效率。借鉴商业银行研究方法，将随机前沿法（SFA）运用到农村商业银行效率评价比较有代表性的有：姚凤阁等（2017）基于 25 家农村商业银行 2011—2015 年的数据，运用异质性随机前沿模型（SFA），测算了我国农村商业银行的经营效率，发现样本效率值处于 0.6—1.0 区间内。田雅群等（2018）基于 39 家农村商业银行 2006—2016 年的数据，运用随机前沿成本函数和随机前沿利润函数，分别测算了我国农村商业银行的成本效率和利润效率。

运用非参数法测度和评价商业银行效率主要是采用数据包络分析法（DEA）和无界分析法（FDH）。比较常见的是采用数据包络分析法（DEA）测算和评价商业银行效率。周泽昆等（1986）[90]在国内学者中最早提出了数据包络分析方法（DEA），魏权龄 1988 年在其著作中阐述了数据包络分析方法（DEA）的基本模型及应用[91]，并在 2012 年的著作中进行了完善，阐述了网络 DEA 模型及其应用，推动了数据包络分析方法（DEA）在国内的发展[92]。随着研究的不断完善和深入，在商业银行效率测度上出现了很多 DEA 的扩展模型。

运用传统 DEA 方法比较有代表性的有：杨大强等（2007）[93]、周四军等（2010）[94]、周强龙等（2010）[95]、吴晨（2011）[96]、谭燕芝等（2012）[97]、岳华等（2012）[98]、段永瑞等（2013）[99]、顾洪梅等（2014）[100]、吴沭林（2016）[101]、张庆君等（2017）[102]、王斌等（2017）[103]、徐婷婷等（2017）[104]、刘卓（2017）[105]、谷晓然（2018）[106]、张淦等（2018）[107]、曹志鹏等（2018）[108]分别运用数据包络法（DEA）测算了我国商业银行效率。借鉴商业银行研究方法，将传统 DEA 方法运用到农村商业银行效率评价比较有代表性的有：杨青楠（2011）[109]利用 2007 年农村商业银行数据，对农村商业银行效率进行测算，发现有 9 家银行技术有效。王玲等（2013）基于 2011 年 13 家农村商业银行数据，对农村商业银行效率进行测算，发现 4 家农村商业银行技术有效。周再清等（2015）[110]基于 12 家农村商业银行 2009—2013 年的数据，运用 DEA 方法，测算了我国农村商业银行技术效率、纯技术效率和规模效率，发现县域农村商业银行技术效率和规模效率高于省级农村商业银行。钟康沛（2017）基于 13 家农村商业银行的数据，运用数据包络分析方法（DEA），测算了样本农村商业银行的技术效率、纯技术效率、规模效率，发现技术效率有效的有 4 家，纯技术效率有效的有 7 家，规模报酬递减的有 8 家。吴雪华等（2018）基于 37 家农村商业银行 2013—2016 年的数据，运用数据包络分析方法（DEA），测算了我国农村商业银行运营效率（综合效率、纯技术效率和规模效率），发现综合效率、纯技术效率、规模效率为 1 的农村商业银行很少，需进一步提升我国农村商业银行效率。王克强等（2018）[111]基于 5 家 A 股上市的农村商业银行和 5 家新三板挂牌的村镇银行 2014—2016 年的数据，运用数据包络分析方法（DEA），测算了我国农村商业银行和村镇银行的技术效率、纯技术效率和规模效率，发现技术效率未处于效率前沿面、效率存在提升空间的农村商业银行有 4 家。

运用改进的 DEA 方法比较有代表性的有：蒲勇健等（2009）[112]、虞晓雯等（2012）[113]、张恒等（2014）[114]、初立苹等（2014）[115]、范建平等（2018）[116]、王佳等（2018）[117]运用 DEA 的动态模型、随机

DEA 的机会约束模型、组合 DEA 模型、DEA 的四阶段模型、分类交叉 DEA 模型、Bootstrap - DEA 方法等对商业银行效率进行了测算。借鉴商业银行研究方法，将改进的 DEA 方法运用到农村商业银行效率评价比较有代表性的有：王文莉等（2017）基于 16 家农村商业银行 2011—2015 年的数据，运用三阶段 DEA 方法，测算了我国农村商业银行经营效率，发现大型、中型和小型农村商业银行的经营效率依次降低。李婷婷（2017）基于 10 家农村商业银行和 10 家城市商业银行 2013—2015 年的数据，运用三阶段 DEA 方法，分别测算了我国农村商业银行和城市商业银行的技术效率、纯技术效率、规模效率，发现城市商业银行的整体运营效率高于农村商业银行。

运用 SBM 方法比较有代表性的有：郭文等（2014）[118]、张浩等（2017）[119]、宋凯艺（2017）[120]、祝福云等（2018）[121]、杨君岐等（2018）[122]、王正耀等（2018）[123]、陈清等（2018）[124]、陈诗一等（2018）[125]、王兵等（2011）[126]运用 SBM 模型、非期望网络 SBM 模型、超效率网络 SBM 模型、SBM - DEA 模型、super - SBM 模型、超效率 SBM - DEA 模型、SBM 和 Luenberger 指数等测算了商业银行效率。借鉴商业银行研究方法，将 SBM 方法运用到农村商业银行效率评价比较有代表性的有：薛薇（2018）基于 31 家农村商业银行 2011—2015 年的数据，运用 SBM - Undesirable 模型，测算了我国农村商业银行的静态和动态运行效率，发现我国农村商业银行的静态效率呈“M”形变化趋势，动态效率在考虑非期望产出和不考虑非期望产出时差异比较大。

运用指数法比较有代表性的有：蔡跃洲等（2009）[127]、汪慧玲等（2010）[128]、刘瑞波等（2012）[129]、唐天伟等（2013）[130]、张瑜等（2014）[131]、满媛媛等（2015）[132]、刘笑彤等（2017）[133]、孙姝等（2018）[134]运用 DEA 的 Malmquist 指数方法、DEA 的 ML 指数方法等测算商业银行效率动态变化。借鉴商业银行研究方法，将指数法运用到农村商业银行效率评价比较有代表性的有：盛煜（2012）基于 8 家农村商业银行 2009 和 2010 年的数据，运用 DEA 的 Malmquist 指数方法，测算效率的动态变化，发现银行间效率相差较为悬殊，但两年的排名波动较小。王伟等（2014）基于 18 家农村商业银行 2007—2013 年的数据，运用 DEA 的 ML 指数方法，对我国农村商业银行效率进行了测算，发现农村商业银行效率小幅度下降，省内异地经营、省内经营、跨省经营效率依次降低。陈伟平等（2015）基于 24 家农村商业银行 2008—2013 年的数据，运用 GML 指数法，测算了我国农村商业银行效率，发现农村商业银行效率略有下降。王伟（2015）[135] 基于 21 家农村商业银行 2007—2013 年的数据，运用 DEA 的 Malmquist 指数方法，测算了我国农村商业银行效率动态变化，发现农村商业银行改制后在 2007—2009 年总体效率呈下降趋势，2010 年开始趋于稳定。王修华等（2016）基于 25 家农村商业银行 2008—2014 年的数据，运用 SBM 的 GML 指数法，测算了我国农村商业银行效率动态变化，发现 2011 年后效率呈下降趋势并趋向稳定。周威皓等（2016）[136] 基于 10 家农村商业银行 2006—2015 年的数据，运用 DEA 的 Malmquist 指数方法，测算了我国农村商业银行效率动态变化，发现样本农村商业银行效率小幅度提高。张蓉等（2017）基于 19 家农村商业银行 2009—2015 年的数据，运用数据包络分析 DEA 的 Malmquist 生产率指数方法，测算了我国农村商业银行效率，发现效率呈下降趋势。

运用网络 DEA 比较有代表性的有：毕功兵等（2007）[137] 采用两阶段网络 DEA 模型对我国商业银行效率进行分析评价。葛虹等（2009）[138] 提出了关联网络 DEA 模型，并基于此模型从决策者偏好的角度对我国已上市商业银行效率进行分析评价。周逢民等（2010）[139] 基于 15 家商业银行 2003—2007 年的数据，运用两阶段关联 DEA 模型，测算了商业银行整体系统和两个子系统的技术效率、纯技术效率、规模效率，发现由于经营系统无效引起国有商业银行技术效率低于股份制商业银行。芦锋等（2012）[140] 基于 14 家商业银行 2000—2010 年的数据，应用 DEA 的网络方法，对商业银行效率进行了测算，发现国有商业银行技术效率低于股份制商业银行。丁曼等（2013）[141] 基于 14 家上市商业银行 2007—2011 年的数据，运用三阶段加性 DEA 模型，测算了商业银行的整整体效率，发现国有商业银行的整体效率普遍低于股份制商业银行。傅利福（2014）[142] 基于 34 家商业银行 2006—2011 年的数据，运用网络 DEA 模型，测算了商业银行的经营效率。周忠宝等（2015）[143] 基于自由处置性质的网络 DEA 模型，对上市商业银行系统效率进行评价分析。刘瑞翔等（2016）[144]基于 16 家上市商业银行 2003—2015 年的数据，运用两阶段 DEA 模型，测算了商业银行效率，发现 2008 年以前效率提升主要来源于存款获得阶段，2008 年以后主要来源于利润获得阶段。向小东等（2017）[145]基于 4 家国有商业银行、9 家股份制银行、3 家城市商业银行 2010—2014 年的数据，运用网络 DEA 模型，测算了商业银行效率，发现 16 家商业银行全部整体效率 DEA 无效。罗蓉等（2017）[146]基于 52 家商业银行 2009—2015 年的数据，运用两阶段关联 DEA 模型，测算了商业银行效率，发现商业银行整体效率呈轻微下降趋势。张婷婷（2018）[147]基于 15 家商业银行 2007—2015 年的数据，运用 DEA 的网络方法，对商业银行效率进行了测算，发现商业银行效率总体上呈下降趋势。没有国内学者运用网络 DEA 方法对我国农村商业银行效率进行研究。

3. 关于农村商业银行效率影响因素。农村商业银行效率的影响因素与大型商业银行略有不同，国内学者对于农村商业银行效率影响因素的研究大概可以划分为外部影响因素和内部影响因素两个方面。农村商业银行效率的外部影响因素主要有经济环境等。农村商业银行效率的内部影响因素主要有银行规模、资产配置、创新能力、经营管理能力等。王玲等（2013）检验银行规模、资产配置、创新能力、经营管理能力即资产费用率、股权结构、经营范围对农村商业银行效率的影响，发现银行规模、资产配置、股权结构、经营范围影响不显著，创新能力有正向影响，资产费用率有负向影响。周再清等（2015）检验银行规模、稳定性即资本充足率、资产配置、资产质量、创新能力对农村商业银行技术效率的影响，发现资产质量、创新能力影响不显著，银行规模、资产配置有正向影响，资本充足率有负向影响。周威皓等（2016）从宏观和微观两方面，检验 GDP 增长率、社会固定资产投资增长率、贷款质量、资产配置、运营费用率对农村商业银行效率的影响，发现 GDP 增长率、社会固定资产投资增长率、资产配置有正向影响，贷款质量、运营费用率有负向影响。姚凤阁等（2017）检验银行规模、创新能力、安全性、资产配置、公司治理、股权结构对农村商业银行经营效率的影响，发现资产配置、公司治理、股权结构影响不显著，银行规模、创新能力、安全性有正向影响。钟康沛（2017）检验银行规模、资产配置、创新能力、股权结构、经营范围对农村商业银行经营效率的影响，发现银行规模、资产配置、股权结构、经营范围影响不显著，创新能力有正向影响。张蓉等（2017）检验GDP增长率、固定资产投资增长率、创新能力、资产费用率、盈利能力、安全性即资本充足率、存贷比、银行规模对农村商业银行效率的影响，发现盈利能力、存贷比影响不显著，GDP增长率、固定资产投资增长率、资本充足率、银行规模有正向影响，创新能力、资产费用率有负向影响。王克强等（2018）从外部和内部两个方面，检验人均国内生产总值、固定资产投资增长率、资产质量、配置能力、创新能力对农村商业银行技术效率的影响，发现人均国内生产总值、固定资产投资增长率影响不显著，配置能力、创新能力有正向影响，资产质量即不良贷款率有负向影响。由此可见，国内学者关于农村商业银行效率影响因素的研究主要集中在经济发展、银行规模、资产配置、创新能力、经营管理能力等方面，研究结论比较一致，通常经济发展、银行规模、创新能力等因素对农村商业银行效率有正向影响，不良贷款对农村商业银行效率有负向影响，资产配置和自有资本比率的研究结论存在争议。但是，经济政策、通货膨胀等对于农村商业银行来说可能面临的经济风险因素没有涉及，国内学者关于国有商业银行、股份制商业银行等的效率影响因素的研究有所涉及，张金清等（2010）发现货币政策对商业银行效率有正向影响。王兵等（2011）发现货币供应量M2对商业银行效率有正向影响。

1.3.3 国内外研究现状评述

综上所述，尽管国内外学者们有关于农村商业银行效率研究的理论和方法成果能够为后续的研究提供指导，但是目前看，依然存在着一些问题，需要进行更深层次的研究和讨论。主要包括：

1. 国外研究方面。对于农村金融制度的改革以及效率理论的研究，国外学者的起步相对较早，且宏观理论方面的研究相对更为深入，进而形成了较为完善的理论研究体系。国外学者从不同角度研究分析并提出了很多关于微型金融机构运行和发展问题的理论框架，对我国农村金融机构发展研究来说，具有很好的借鉴和参考价值。但是，尽管有学者提出了效率研究的双重框架，大多数国外学者在之后对微型金融机构效率的研究中运用相关财务指标衡量农村金融机构的商业可持续性，几乎没有考虑微型金融机构社会服务职责，也就是衡量微型金融机构成功服务目标客户以及满足客户金融服务需求的程度，且从当前国外对于农村金融的研究成果来看，一个国家历史、经济、社会传统等背景均对其微型金融机构的发展产生重大的影响，不能将其单纯地当作是一个经济金融的问题进行研究分析。

2. 国内研究方面。国内学者关于农村商业银行效率界定和效率评价指标体系的构建，没有完全捕捉到农村商业银行的双重作用，农村商业银行的特征决定了其在实现自身可持续发展的同时，必须最大限度地服务“三农”发展，已有对农村商业银行效率研究的侧重点和投入产出指标的选择大多以实现农村商业银行自身可持续发展为落脚点，忽视了农村商业银行服务“三农”的特殊职能。

国内学者关于农村商业银行效率评价的研究已经积累了一些研究成果，但当前依然处于完善和摸索阶段，关于农村商业银行效率评价的研究只关注投入产出量之间的相对效率值，把投入产出之间的关系看作是黑箱来处理，忽略了农村商业银行经营系统内部相互作用可能对农村商业银行效率的影响。将农村商业银行这个黑箱打开，运用考虑农村商业银行经营系统内部结构的网络 DEA 效率评价方法仍是空白。

国内学者关于农村商业银行效率影响因素的研究，无论在效率影响因素选择和效率影响因素测算方法的选择上都有待进一步拓展和深化。例如，经济风险因素对商业银行经营效率有直接影响，我国农村商业银行作为货币政策的传导媒介之一，在研究中应将经济风险因素考虑在内，更为深入地分析农村商业银行经营效率的外部影响因素。

1.4 本书的研究思路

本书深入分析和探索了我国农村商业银行经营效率的有关问题，通过梳理相关理论，对农村商业银行经营效率概念进行界定，为全书的分析打下理论基础。在此基础上，本书从四个方面进行进一步研究。其一，通过对我国农村商业银行发展历程、发展现状及投入产出的分析，建立农村商业银行经营效率评价指标体系。其二，利用我国金融、农业经济和我国农村商业银行的数据，运用三阶段串联动态网络 DEA 等模型评价我国农村商业银行经营效率并与国有商业银行和股份制商业银行效率进行了比较。其三，在建立农村商业银行经营效率影响因素体系并分析影响机理的基础上，运用系统 GMM 等模型对农村商业银行经营效率影响因素进行分析。其四，通过上述研究结果，结合我国实际情况，对我国农村商业银行经营效率的提升提出对策建议。研究思路可用图 1-1 表示。

1.5 本书的研究内容

全书共 7 章，主要包括以下几方面内容：

第 1 章为绪论。主要介绍本书的研究背景、目的与意义，并通过对国内外研究现状的总结分析，提出本书的研究思路、研究方法以及创新之处。

第 2 章为农村商业银行经营效率理论框架构建：系统论的视角。根据系统论、效率理论、商业银行经营理论以及农村商业银行服务“三农”的职责定位，对农村商业银行经营系统进行划分，在分析农村商业银行系统组成要素间相互作用的基础上，基于投入产出构建农村商业银行经营效率理论框架，界定农村商业银行经营效率核心概念。

第 3 章为我国农村商业银行发展及投入、产出分析。首先，介绍了农村商业银行的历史演变。其次，从公司治理、经营管理、盈利能力和资产质量四个方面深入分析了现阶段我国农村商业银行的经营状况。最后，以本书选取的 45 家农村商业银行样本为例，分析了我国农村商业银行投入产出。

第 4 章为我国农村商业银行经营效率评价模型构建。在农村商业银行效率理论框架以及发展现状和投入产出分析的基础上，借鉴已有研究成果，从人力、物力、财力等投入角度，负债、资产、利润、经济发展、

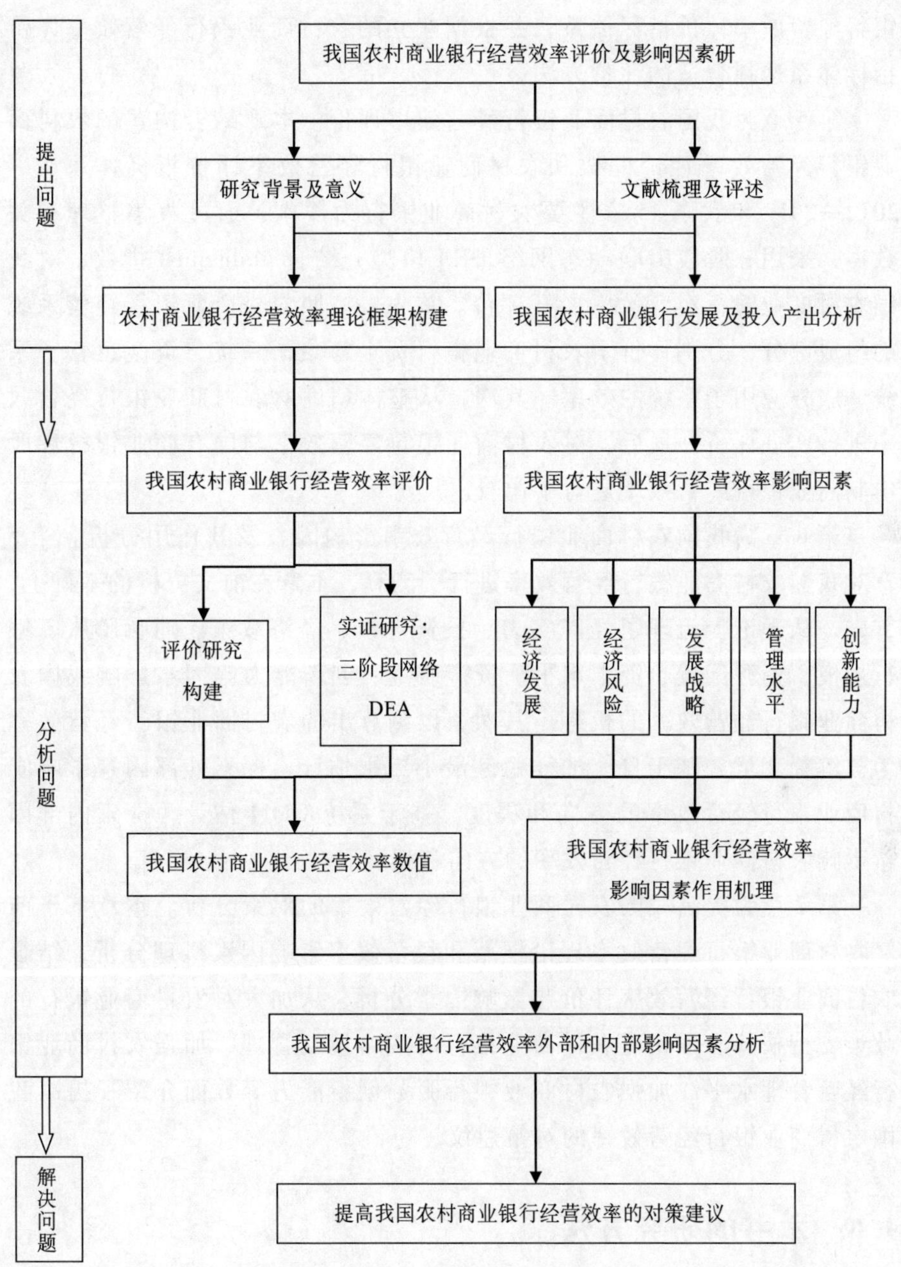

图1－1　技术路线

社会发展、居民生活、生态环境等产出角度，构建科学合理的农村商业银行经营效率评价指标体系，并根据建立的农村商业银行经营效率评价指标体系选择合适的评价方法。

第5章为我国农村商业银行经营效率评价。本章结合构建的农村商业银行经营效率理论框架和农村商业银行经营效率评价指标体系，以2012—2017年我国45家主要农村商业银行为样本，通过收集整理相关数据，采用三阶段串联动态网络DEA模型，结合Malmquist指数，对我国农村商业银行经营效率展开评价。首先，按照农村商业银行经营系统的组成部分，分别评价了农村商业银行资金筹集子系统、资金运营子系统、服务应用子系统的效率。其次，从整体角度对农村商业银行经营效率进行实证评价。最后，对农村商业银行经营效率与国有商业银行和股份制商业银行经营效率进行了比较。

第6章为我国农村商业银行经营效率影响因素及其作用分析。第5章对我国农村商业银行经营效率进行了测算，本章在前文分析的基础上，首先，从理论上梳理了经济实力、投资规模、经济政策、通货膨胀、银行规模、资源配置、资本水平、资产质量、创新能力等因素影响我国农村商业银行经营效率的机理。其次，以测算出的农村商业银行经营效率为被解释变量，基于自体抽样稳健最小二乘估计，探索外部因素影响农村商业银行经营效率的方向和程度，基于系统GMM估计，探索内部因素影响农村商业银行经营效率的方向和程度。

第7章为提高我国农村商业银行经营效率的对策分析。本章基于前文农村商业银行经营效率理论框架和经营效率影响因素机理分析，结合农村商业银行经营效率评价与影响因素分析，从加大对农村商业银行的政策支持扶持、强化对农村商业银行的战略规划管理、加强农村商业银行经营管理水平、加强农村商业银行服务创新能力等方面介绍了提高我国农村商业银行经营效率的对策建议。

1.6 本书的研究方法

为了保证农村商业银行效率评价研究的科学性，本书采用了多种研究方法，主要表现为：

1. 规范分析和实证分析相结合的方法。本书对农村商业银行发展历程、发展现状、投入产出分析上运用规范分析方法更加清晰地显示了我国农村商业银行发展历程和发展状况，同时为后文农村商业银行经营效率评价指标体系的构建和经营效率评价进行了铺垫，在提高我国农村商业银行经营效率的对策建议上运用规范分析方法清晰明了地显示了我国农村商业银行提高经营效率的措施办法。对我国农村商业银行经营效率评价和经营效率影响因素分析上运用了实证分析方法，使文章结论更加合理、更有说服力。

2. 定性分析与定量分析相结合的方法。本书在分析农村商业银行经营系统组成要素间关系上运用了定性分析，为后文构建农村商业银行经营效率理论框架做出了铺垫，在分析农村商业银行经营效率影响因素作用机理上运用了定性分析，使后文农村商业银行经营效率影响因素定量分析的结论更加科学合理。运用三阶段串联动态网络 DEA 模型、ESDA 模型、系统 GMM 估计等对农村商业银行经营效率及其影响因素进行了定量分析，使定性分析的结论更有说服力。

3. 比较研究的方法。本书运用三阶段网路 DEA 这一相同模型，对农村商业银行、国有商业银行、股份制商业银行效率进行了比较分析，同时在农村商业银行效率影响因素定量分析结论部分，也与国有商业银行、股份制商业银行进行了比较，能更加清楚地认识农村商业银行经营效率上的差距和不足之处。

4. 综合运用多学科理论和方法。综合运用金融学、逻辑和数学等理论，构建农村商业银行经营效率理论框架，运用管理学模型，计量经济模型实证评价农村商业银行经营效率及其经营效率的影响因素，实现了多学科的综合运用，使研究结论更有说服力。

1.7 本书的创新之处

本书在现有理论的基础上，对我国农村商业银行经营效率从以下三个方面进行了探索性研究。

1. 基于“资金筹集—资金运营—服务应用”系统视角构建了农村商

业银行经营效率理论框架。根据相关理论，农村商业银行经营效率是对资金筹集子系统、资金运营子系统、服务应用子系统三者间复杂关系的度量，而现有关于农村商业银行经营效率的研究中，主要探讨农村商业银行资金筹集、资金运营之间的关系，忽略了服务应用对农村商业银行经营效率的影响，本书将农村商业银行经营效率界定为：通过提供人力、物力、财力支持，在保证农村商业银行以最小化的成本筹集所需资金的同时，实现农村商业银行利润最大化，促进农村商业银行最大限度地服务“三农”发展。

2. 将服务应用指标纳入到农村商业银行经营效率评价框架中，构建了农村商业银行经营效率评价指标体系。现有关于农村商业银行经营效率的研究中，主要选择了衡量农村商业银行资金筹集、资金运用的相关指标，忽略了农村商业银行服务应用这一经营环节的相关指标，本书结合构建的农村商业银行经营效率理论框架，构建符合农村商业银行服务“三农”特性的经营效率评价指标体系，具体选择贷款余额、资产收益率、所有者权益收益率、拨备覆盖率、人民币存贷比例作为农村商业银行服务应用子系统盈利性、安全性投入的衡量指标，选择第一产业增加值、农户固定资产投资总额、农村最低生活保障支出、养老院个数、农民人均纯收入、农民人均消费性支出、成灾率作为农村商业银行服务应用子系统农业农村经济发展、农村社会发展、农村居民生活、农村生态环境产出的衡量指标。

3. 运用三阶段串联动态网络 DEA 模型实证研究了我国农村商业银行经营效率。现有关于农村商业银行经营效率评价的研究中，一般选择了传统前沿效率评价模型或者改进的前沿效率评价模型，将农村商业银行经营作为一个整体对其效率进行测度和分析，也就是黑箱评价，忽视了农村商业银行经营的中间过程及过程间的关联关系，忽略了农村商业银行的内部运行机制，丢掉了许多有用信息。鉴于此，本书将打开黑箱的思想与农村商业银行经营过程相结合，根据商业银行经营理论及农村商业银行服务“三农”的特殊职能，对农村商业银行经营过程进行划分，将其分割成不同的业务子系统，选择三阶段串联动态网络 DEA 模型，测度农村商业银行经营系统及其子系统的效率，并对农村商业银行经营效率与国有商业银行和股份制商业银行进行了比较，使研究结论更为真实可靠。

2　农村商业银行经营效率理论框架构建：系统论的视角

为了更加深刻地认识我国农村商业银行经营效率提升对促进“三农”发展的有效性，并针对我国国情，提出有效提升农村商业银行效率的对策建议，本章对农村商业银行及农村商业银行经营效率的概念进行界定，并构建了农村商业银行经营效率的理论框架，为下文进一步研究提供理论支撑。

2.1　核心概念界定

2.1.1　农村商业银行

农村商业银行是地方性股份制金融机构，主要由辖区内农民、农村的工商户、企业法人以及其他的经济组织共同入股组成。为辖内的农民、农业以及农村经济发展提供相关金融服务，并促进城乡经济协调发展是农村商业银行的主要目标任务。按照有关规定，农村商业银行必须将一定比例的贷款用于支持农民、农业和农村经济发展，但贷款的具体比例由股东大会根据当地农村产业结构状况来确定，并报送当地省级银行业监督管理机构备案。农村商业银行作为农村信用合作社改制而来的新兴金融机构，在经营上发挥着农村信用合作社支农扶农作用，同时又具有现代商业银行追求利润最大化的经营特征，为农村金融服务注入了新活力。

2.1.2　效率

效率起源于物理学概念，物理学效率来自于牛顿力学机械效率。经济学是从投入产出的角度承袭了物理学效率思想。经济学领域对效率的研究由来已久，从经济学鼻祖亚当·斯密开始关注效率理论和效率思想，从马克思开始以投入产出角度思考效率问题，直到帕累托效率才有了明确的定义，但迄今为止仍然没有统一的定义。

经济学的根本任务就是要解决人们无限需求和有限资源之间的矛盾，提升资源利用效率是解决这一矛盾的根本途径，所有经济学的研究从本质上都是为了提高效率，因此，效率可以说是经济学最重要的概念。根据研究视角的不同，效率的范畴非常多，例如，生产的效率、管理的效率、分配的效率、市场的效率、消费的效率、组织的效率、动态的效率、流通的效率以及静态的效率等，正是因为视角的不同，对于效率的定义一直无法统一。国内外对效率具有代表性的定义见表 2 - 1。

表 2 - 1　　国内外的效率定义

作者	效率定义
马克思 (Karl Marx)	用尽量少的价值创造尽量多的价值，即用尽量少的劳动时间创造出尽可能多的物质财富。
帕累托 (Vilfredo Pareto)	如果想让某个社会成员变得更好，必须只能让其他某个成员的状况变得比现在更差。
萨缪尔森 (Paul A Samuelson)	经济学研究的就是一个社会利用稀缺资源生产有价值的商品，并将它们在不同的人中间进行分配。
李普西 (Richard G. Lipsey)	使用最少的投入品生产一定产品。包括技术效率、经济效率、工程效率。
樊纲	社会利用现有资源进行生产所提供的效用满足程度。
厉以宁	概念一是生产效率，即投入产出的关系问题：少投入多产出；概念二是资源配置效率，指在投入为既定的条件下，通过不同的资源配置可以产生更高的效率。

由表 2 - 1 可见，不同时期经济学家对效率的理解和定义是不断发展变化的，在经济学最基本的假设之上才能对效率进行定义。在“理性经济人”假设的基础上，效率可以定义为实现投入最小化或者产出最大化，也就是技术有效，这与马克思的观点基本一致。在“资源是有限的且用途多样”“使用经济资源存在机会成本”两个假设的基础上，效率可以定义为在投入或者产出一定的情况下，按照资源价格的替代关系，

实现成本最小化或者收益最大化，也就是配置有效，这与帕累托、萨缪尔森、樊纲等人的观点基本一致。实现了投入最小化或者产出最大化，没有实现成本最小化或者收益最大化，就不是真正的有效率，也就是实现了技术有效而没有实现配置有效就不是真正有效率，厉以宁对这两种效率进行了明确的定义，只有同时实现了技术有效和配置有效，才能实现李普西所定义的经济有效，即拥有的生产资源与这些资源能够提供的人类满足的对比程度。对总的经济体也就是整个经济社会效率来说，总经济效率就是指拥有的全部生产资源与所有人们的总的社会经济福利的对比程度。某个经济个体的经济效率是指该经济个体运用拥有的一定的生产资源使得产出最大化，或者以最小化的成本实现一定量的产出。各经济个体的经济效率是总经济效率的前提，本书研究的是经济个体的经济效率，是一个相对概念。

2.1.3　农村商业银行经营效率

农村商业银行作为服务“三农”的金融中介组织，承担着动员社会储蓄、分配资源资金、服务“三农”发展的重要职责，与整个经济社会总经济效率密切相关。与此同时，农村商业银行作为经济个体，其自身在经营过程中也面临着合理配置人力、物力、财力，实现收益和“三农”满足程度最大化的任务，实证分析多数考察农村商业银行作为经济个体本身的效率。因此，农村商业银行经营效率是指农村商业银行在经营业务活动中投入与产出或者成本与收益的对比程度，农村商业银行经营效率的内涵主要体现在以下三个方面：

1. 农村商业银行经营效率不是投入成本与产生收益的简单对比关系，而是从投入产出角度进行衡量的一个综合效率概念，且不仅仅以货币化的投入产出衡量经营效率。

2. 农村商业银行经营效率是对农村商业银行在经营过程中资源配置和运用各种资源有效程度的衡量，可以从整体上衡量农村商业银行的经营效率，也可以从某一经营单元衡量农村商业银行经营效率。

3. 农村商业银行经营效率的测算与比较是基于同一背景和基础的，经营效率值是一个相对值，是所选决策单元间的测算和比较，没有绝对的经营高效率和经营低效率。

2.2 系统论的基本观点

系统论（Systems theory）最早是由美籍奥地利生物学家贝塔朗菲（Ludwig von bertalanffy）创立，是一门逻辑和数学领域的科学，经过逐步发展，成为关于任意系统的一般理论和方法论。系统论是研究客观存在的现实系统的本质、特征、原理、规律的科学。系统论主张从整体的角度出发，研究系统之间、系统与其组成部分之间、系统与外部环境之间的普遍联系。系统论的思想、理论、工具、方法普遍适用于生物系统、物理系统、社会系统，也适用于农村商业银行经营系统。系统论的基本观点和基本方法为本书建立农村商业银行经营系统提供了理论基础。

一般认为，系统是由互相联系、互相作用的诸多要素构成的，具有一定特定功能的有机整体。可以说，在自然界和人类社会中，任何事物都是与其他事物互相作用而存在的，因此，所有事物都能够组成互相联系的系统。人们在认识客观事物和改造客观事物的过程中，通过整体考虑、综合分析的思维方式看待事物，根据事物之间存在的本质、内在和必然联系，从整体上对事物进行研究，这类事物就是一个系统。无论是什么样的现实问题，要组成一个系统，就必须满足三个条件，一是必须具有两个以上的要素，二是要素之间必须互相联系、互相作用，三是要素之间通过联系和互相作用必须能够产生整体功能。

要素是系统的组成部分，要素构成了整体系统。在对事物进行研究时，通常是把系统分解为若干个部分，这些分解出来的互相联系、反映事物本质的各个部分，就是所研究事物的构成要素，也称作子系统。每一个系统是更大一级系统的一个要素，而这个更大一级系统的每一个要素又各自构成一个系统。也就是说，所有的具体事物自身既是一个系统，又是某一个更大一级系统的组成部分，任何一个系统都是更大一级系统的一个子系统，任何一个更大一级系统又可以分为若干个子系统。

任何系统都有特定的结构和功能，也就是说，系统就是结构和功能的统一体。通过结构这个中介，要素构成了系统，产生了系统的属性和功能。所以，结构就是系统的各个构成要素互相联系、互相作用的秩序和方式，也就是各个要素在时空连续区上相对稳定的排列组合方式。

环境是存在于系统之外的、与系统发生作用的事物的总称，也就是为系统提供输入和接受系统输出的场所。边界是区分系统与环境的假想线，边界不是固定不变的，系统内的某要素与系统内的其他要素互相联系的紧密程度，决定了哪些要素划入系统，哪些要素不划入系统。根据系统与环境互相作用的情况，可以将系统分为开放系统和封闭系统，开放系统是与环境有信息、物质、能量交换的系统，封闭系统是与环境没有信息、物质、能量交换的系统。在现实中，与外界环境没有任何交换的绝对封闭系统是不存在的，任何系统都与外界环境有着千丝万缕的关系。

动态系统是指系统的有机相连性是随时间变化而变化的，是动态的，反之，则是静态系统。在现实中，绝对静态的系统是不存在的，任何系统都是发展和变化的系统。

2.3 效率理论的基本观点

在经济学发展历程中，各个时期、各个流派的经济学家对效率的认识不尽相同，分析的角度也各有侧重，本书从效率约束条件的角度对效率的基本观点进行了梳理。

1. 古典经济学的效率思想。亚当·斯密于 1776 年发表的《国富论》指出，在市场竞争和要素自由流动的前提下，充分发挥“看不见的手”的调节作用，分工和专业化就能够促使劳动生产率提高，从而拉动经济增长。李嘉图于 1821 年发表的《政治经济学及赋税原理》指出，利润增长促进技术进步、资本积累，进而提高生产率。

2. 新古典经济学的效率思想。在古典经济学前提条件基础上，新古典经济学还将理性经济人、信息对称、商品有多种用途但存在机会成本等作为约束条件。马歇尔利用边际分析方法（19 世纪 70 年代由英国杰文斯、奥地利门格尔、法国瓦尔拉斯开创），对消费者效用最大化以及厂商实现成本最小化或产出最大化如何实现进行了逻辑分析和数学推导，发现资源配置有效就是消费者和生产者局部均衡。根据马歇尔的基本理论方法，英国经济学家庇古在边际效用基数论基础上创建了福利经济学体系。依据边际效用递减原理，征税和发放补贴能够实现财富分配和转移，进而缓解贫富矛盾、促进社会福利提升。资源配置达到最优就是“看不见的手”使得生产者和社会增加一单位生产要素得到的纯产值趋于一致，进而增加国民收入，但怎么取得社会资源的最优配置没有得到解决。新福利经济学把理性经济人作为约束条件，在序数效用论的基础上创建的一般均衡效率标准，解决了福利经济学没有解决的社会资源最优配置问题。意大利经济学家帕累托认为，生产资源配置使社会福利最大就是指，生产资源在各部门的分配使用达到任何资源配置方法的改变不可能使任何一人的境况更好而不使任何一人的境况变坏这样一种最优状态。消费者效用、生产者利润、生产要素所有者收入最大化，且不存在经济外部效应是达到这种最优状态必须同时在交换、生产、生产与交换方面满足的约束条件。

3. 新制度经济学的效率思想。新制度主义经济学的核心概念是交易成本，这与新古典经济学不存在交易成本的假设截然相反。科斯最早提出了交易成本思想，交易成本就是指在经济交易中，议定合约是任何一项交易的达成的前提，目的是监督合约执行、讨论还价、了解消费者和生产者的生产需求信息等，这些环节必然产生一定的交易费用成本，这些交易费用有的时候会高到导致无法达成交易，进而产生了一些降低成本制度安排。威廉姆森在科思交易成本思想的基础上深入地阐述了组织与制度的关系，威廉姆森于 1995 年发表的《治理机制》指出，制度环境、治理结构、组织成员是经济组织和制度环境相互作用的三层次框架。依据这一框架，客观的制度环境和微观的组织成员都能够包容组织的治理结构。组织治理结构能不能降低交易成本是组织效率的关键，治理结构随制度环境和组织成员特征变化而变化。

4. 现代经济理论的效率思想。现代经济理论中最早研究经济效率的是 Farrell（1957），他认为企业或部门的效率包括技术效率、配置效率两部分，技术效率是企业或部门在投入既定情况下获得最大产出的能力，配置效率是企业或部门在价格和生产技术既定的情况下运用最佳投入比例的能力，经济效率就是这两种效率的总和。

从以上对效率的观点可以看出，生产成本最小化是新古典经济学关注的重点，而交易成本最小化是新制度经济学关注的重点。在不同的约束条件下新古典经济学和新制度经济学的效率标准也存在差异，帕累托的效率标准是受到学术界普遍认可的，但是这一效率标准假设零交易费用和清晰的产权界定，理论价值大于其实践应用价值。新制度经济学则认为不可能实现帕累托创建的这种完全理想条件下的最优，比较有代表性的是适应性效率，认为制度通常会随着社会背景和经济条件的变化而变化，并逐步形成新制度下的均衡，也就是新的制度下的均衡尽管可能不是最优的，却在满足社会部分需求的过程中促进了社会进步，从而提高经济效率。但是，新古典经济学和新制度经济学的效率标准并没有本质上的差别，新制度经济学的研究范畴仍然是在新古典经济学的研究范畴内，只是在优化模型中引入了交易成本这一内生变量，两学派模型效率的最优值在交易成本为零时相等，此时的新古典经济学模型只是新制度经济学模型的一个特例。同时，现代经济理论对效率的分析仍然是依据新古典经济学的分析框架，在严格的约束条件下采用数理推论和实证研究方法对效率进行研究。

另外，包括农村商业银行在内的商业银行自身并没有形成系统的效率理论，前文提到的商业银行规模效率、范围效率、前沿效率（X－效率）都是直接来源于经济效率理论，是将经济效率理论运用到了商业银行，国内学者又结合农村商业银行自身特点，将经济效率理论运用到了农村商业银行，突出表现在农村商业银行效率测算方法和效率影响因素测算方法等方面。

2.4　商业银行经营理论的基本观点

商业银行为了实现安全性、流动性、盈利性目标，采取资产负债管理的经营管理方法。在商业银行的发展历程中，商业银行经营的理论与实践，随着各历史时期商业银行经营环境变化，以及商业银行业务的拓展和创新，也历经了一个历史演变的过程。

1. 资产管理理论。20 世纪 60 年代以前，西方商业银行普遍强调单纯的资产管理。从时代背景来看，当时金融市场还不发达，融资工具比较单一，金融机构主要是商业银行。经济个体的资金盈余基本上只能选择存入银行，保证了商业银行资金来源的相对稳定。商业银行自身的资金来源结构和渠道比较固定，基本来自于活期存款，导致商业银行扩大资金来源的动力不足。因此，商业银行经营管理的重点是资产业务。

资产管理理论（Asset Management Theory）认为，商业银行资金来源的规模和结构是商业银行自身不能控制的外生变量，完全取决于经济个体的存款意愿与存款能力，商业银行不能能动地扩大资金来源，商业银行自身能控制的变量是资产业务的规模和结构，商业银行应该通过管理资产规模和结构保持适当流动性，实现商业银行经营管理目标。

资产管理理论伴随着历史的发展进程，主要经历了以下三个发展阶段。

一是商业贷款理论。商业贷款理论（Commercial Loan Theory）是最早的资产管理理论，18 世纪英国经济学家亚当·斯密在《国富论》中提出了商业贷款理论。商业贷款理论认为，流动性较强的活期存款是商业银行的主要资金来源，因此，短期自偿性贷款应成为商业银行的主要资产业务，也就是商业行为能自动清偿的贷款，资金来源的高度流动性要通过保持资产的高度流动性来适应。短期自偿性贷款是指短期工商业流动资金贷款。商业贷款理论也被称为自动清偿理论和真实票据论，主要是由于其强调贷款自动清偿和商业银行放款真实的商业票据为抵押。

商业贷款理论产生于商品经济不发达、信用关系不广泛、社会化大生产未普遍形成、企业规模比较小的商业银行发展初期，企业需要向商业银行借入的资金多数为用于商业周转的流动性资金，其融资主要依靠内源融资。这一时期，中央银行体制也尚未建立，在商业银行发生清偿危机时，没有作为最后贷款人的中央银行给予救助，因此，商业银行经营管理以牺牲部分盈利性来维护自身流动性，导致商业银行的资金运用结构为集中于短期自偿性贷款的单一结构。

商业贷款理论奠定了一些现代商业银行经营理论的重要原则。一是商业银行进行资金运用的基本准则是该理论强调的资金来源的性质和结构决定资金运用。二是商业银行经营风险的理论依据是该理论强调的商业银行应保持资金高度流动性以保证商业银行安全经营。

但是，商业贷款理论的局限性随着资本主义的发展也逐步显现出来。一是商业贷款理论没有认识到活期存款余额的相对稳定性，导致商业银行资产过多地集中在短期自偿性贷款这种盈利性较差的资产业务上。虽然活期存款流动性比较强，但是在活期存款存取之间必然会形成一个相对稳定的余额，这个相对稳定的余额正适合发放长期贷款，不会影响资金流动性。二是商业贷款理论对消费贷款、不动产贷款、长期性设备贷款、农业贷款等均不主张发放，忽略了贷款需求的多样性，商业银行业务发展及盈利能力均受到限制。三是短期自偿性贷款的自偿能力是相对而不是绝对的，贷款清偿不但受制于贷款性质，也受制于外部市场环境，短期自偿性贷款在经济萧条时也会难以自动清偿，商业贷款理论忽略了这种贷款清偿的外部条件。

二是资产转移理论。20 世纪 20 年代，金融市场特别是短期证券市场的发展完善为商业银行保持流动性提供了新途径，由此产生了资产转移理论（the Shift Ability Theory）。1918 年，美国经济学家莫尔顿的《商业银行及资本形成》在《政治经济学杂志》发表，提出了资产转移理论。资产转移理论认为，资产的迅速变现能力决定了商业银行流动性强弱，因此，持有信誉好、期限短、流动性强、商业银行需要流动性时能快速转化为现金的可转换资产是保持流动性的最好方法。政府发行的短期债券是最典型的可转换资产。

商业贷款理论主张应保持较高的商业银行流动性，资产转移理论继承了这一思想，但同时又打破了商业贷款理论资金运用的限制，资金运用不只拘泥于短期自偿性贷款，商业银行资产运用范围得到拓展、资产结构得到丰富，商业银行经营理念有了一大进步。资产转移理论的缺点在于：一是在如何保持商业银行流动性方面，资产转移理论过分地强调了对可转化资产的应用，从而制约了高盈利较高资产在商业银行的应用。二是在发生经济危机或者证券市场需求不足时，可转换资产的变现能力也会受到影响，进而影响商业银行的流动性和盈利性。

三是预期收入理论。预期收入理论（the Anticipated Income Theory）

产生于20世纪40年代。预期收入理论主张，借款人的预期收入决定商业银行资产流动性，贷款期限的长短并不决定商业银行资产的流动性。一旦商业银行借款人的预期收入没有了保障，无论商业银行的贷款期限有多短，商业银行也无法收回贷款，只要是商业银行借款人的预期收入得到保障，即使商业银行贷款的期限很长，商业银行最终也能够收回贷款。它所强调的并不是商业银行贷款的期限长短和贷款流动性的关系，而是贷款偿还和借款人预期收入的关系。

在第二次世界大战后，西方各国经济逐步恢复和发展，预期收入理论应运而生。在政策的引导下，从贷款需求来看，消费贷款、中长期贷款规模在大量的需求下大规模地扩张。在市场竞争的刺激下，金融机构的发展越来越多元多样化，在非银行金融机构不断发展壮大的情况下，商业银行面临着越来越激烈的竞争，商业银行也开始发放中长期贷款，用这用方式增加资产投资回报。

对于商业银行开展以中长期贷款为代表的新业务的拓展，增加投资收益，这一理论为其提供了充分的理论层面的依据，商业银行对于资产的应用范围得到不断扩展，巩固了其在金融业中的地位。与传统资产管理理论依据资产期限和可转换性决定资金运用相比，这一理论在预判商业银行的资产运用投向上，判断依据转变为对商业银行借款人预期收入保障情况的判断，这一做法不但突破了传统理论做法的限制和约束，同时也极大地丰富了商业银行经营管理的有关思想。这一理论的缺点就在于：商业银行对借款人预期收入的预测是通过商业银行主观判断得到的经济参数，借款人未来的实际收入可能会随着经济条件和经营状况的变化与商业银行的主观判断存在偏差，商业银行的经营将会面临更大的风险。

资产管理理论是强调流动性为先导、资产业务是商业银行经营管理重点的管理理念，其对管理手段、管理内容、商业银行流动性的认识，在其管理思想发展的三个阶段中不断深化。在20世纪60年代以前，资产管理理论对商业银行业务发展和商业银行在金融业地位巩固起到了重要的推动作用。

2. 负债管理理论。20世纪五六十年代，负债管理理论（Liability

Management Theory）兴起。负债管理理论认为，商业银行可以积极地通过借入资金的方式维持商业银行资产流动性，支持商业银行资产规模扩张，从而达到更高的盈利水平。负债管理理论改变了仅仅从资产运用角度维持流动性的资产管理传统做法，开辟了满足商业银行流动性需求的新途径。

负债管理理论是伴随着20世纪五六十年代经济金融环境变化而兴起的。一是战后西方各国经济增长稳定，金融市场发展迅速，非银行金融机构在资金来源渠道及数量上与商业银行进行激烈争夺，商业银行必须通过开辟新的资金来源渠道、扩大资产规模、提高盈利能力，以确保在激烈竞争中生存与发展。二是经过20世纪30年代的大危机，各国都通过制定出台银行法、实施利率管制等方式加强金融监管，特别是存款利率的上限规定限制了商业银行以利率手段获得更多资金来源。20世纪60年代，西方各国普遍出现的通货膨胀导致货币市场利率大幅攀升，多元化的投资渠道吸引了大量的投资者，商业银行的资金来源受到威胁，促使商业银行调整策略，多渠道筹集资金。三是商业银行通过金融创新，推出具有很强流动性的新型金融工具，为商业银行丰富资金来源渠道、主动负债创造了条件。比如，1961年花旗银行率先发行的大额可转让定期存单、回购协议等多种创新融资工具。四是西方国家建立存款保险制度，激发了商业银行的冒险和进取意识。20世纪六七十年代，负债管理理论在这样的经济背景和条件下盛行一时。

负债管理理论主张，针对商业银行在流动性方面的需求，要以负债方式对其进行满足。一是针对商业银行在盈利性与流行性之间的存在的矛盾问题，这一理论对其进行了调节和协调，促使商业银行在其经营管理的理念上发生了重大转变，改变了过去以流动性为主的经营管理方式和理念，在流动性的基础上，还注重了对盈利性和安全性的综合考量。二是在管理手段上，这一理论促进了商业银行在这方面质的飞越，商业银行不再只注重对资产的管理，更多地考量到了对负债的管理，商业银行可以根据资产需要调整负债结构，这一管理手段的飞越，不但推动商业银行在管理上更加灵活和主动，同时，对于商业银行盈利能力提升也大有裨益。

负债管理理论的缺点在于：外部的不可测因素增加了商业银行的经营风险。货币市场的供求状况是商业银行无法判断和预知的，而商业银行的负债主要就是从货币市场借入的资金，从而满足了商业银行对流动性的需求，一旦货币市场发生变化，一定会不可预知地对商业银行的借入资金产生影响。另外，商业银行从货币市场获得资金是要付出借入成本的，也就是要付出较高的利息，这在商业银行满足流动性的同时，也无形中增加了其成本支出，在一定程度上会影响商业银行经营的稳健性。

3. 资产负债综合管理理论。资产负债综合管理理论（Assets and Liabilities Management Theory）于20世纪70年代中后期产生，它吸收了资产管理理论和负债管理理论的合理内涵并进行发展深化，并不是否定了两种理论。资产负债综合管理理论认为，仅仅依靠资产管理或者仅仅依靠负债管理，商业银行都难以同时实现“三性”的协调和均衡。商业银行应该对资产和负债业务进行多层次全方位管理，在保证资产负债结构调整的及时灵活的基础上，确保流动性供给能力。

20世纪70年代末期，负债管理使得商业银行在市场利率大幅攀升的情况下，商业银行经营风险在资金借入成本也就是负债成本不断攀升的影响下不断加大，这一现象导致仅仅依靠负债管理的缺陷逐步显现，商业银行开始意识到，仅仅依靠负债管理根本不能满足其发展需要。在这一时期，商业银行吸收存款的压力伴随着各国金融管制的放松逐步减小，商业银行由单纯的资产管理或者负债管理逐步转移到对资产负债的综合管理。

这一理论对资产管理理论和负债管理理论的精髓进行了吸取，由克服了两种理论的缺陷，商业银行“三性”之间的矛盾问题能够通过资产负债的综合平衡来协调，促进商业银行经营管理更加科学合理。

4. 资产负债外管理理论。20世纪80年代末期，商业银行在各国放松金融管制和金融自由化背景下竞争愈发激烈，商业银行在传统业务的利差收益逐渐减少的情况下必须谋求新的业务增长点。新的业务工具和融资方式在技术进步和金融创新的带动下层出不穷，商业银行业务范围拓展出现了新的可能。在以资产负债表内业务为基础的资产负债综合管理显露出一定的局限的现实状况下，资产负债外管理理论逐步发展起来。

这一理论认为，一是商业银行应该通过资产负债业务以外的新业务领域开辟新的盈利源泉。在知识经济时代，商业银行应该通过利用计算机网络技术开展以信息处理为核心的服务业务来发挥其金融信息服务功能。二是银行在存贷款业务之外，可以开拓期权交易、期货交易等多样化的金融服务。三是资产负债表内业务可以转化为表外业务，比如，转让贷款给第三者、转售存款给急需资金的单位等。

这一理论补充和完善了资产负债综合管理理论，并没有对其进行否定。商业银行表内业务以资产负债综合管理理论为依据，资产负债外管理理论用于管理商业银行表外业务，目前二者均被发达国家用于商业银行经营管理业务系统中。

2.5 农村商业银行经营系统分析

按照商业银行经营理论，我国商业银行的主要业务可分为负债业务、资产业务和表外业务。一是商业银行负债业务。主要包括商业银行自有资本金和对他人负债，对他人负债又包括主动负债和被动负债。其中，商业银行资本金是银行最可靠、最稳定的资金来源，是商业银行抵御各类风险的最后屏障，它代表了商业银行股东的所有者权益，是商业银行所有者的净财富，主要包括实收资本、资本公积、盈余公积、未分配利润、重估储备、次级债务等。存款属于被动负债，主要包括个人存款、单位存款、外币存款。借款业务属于主动负债，主要包括短期借款和长期借款。二是商业银行资产业务。主要包括现金资产业务、贷款业务、票据贴现、证券投资。其中，贷款业务是商业银行最主要的资金运用，按客户类型可分为个人贷款和公司贷款。现金资产是商业银行最具流动性的资产，存放央行款项、存放同业款项、现金等共同构成了我国商业银行现金资产主要业务。政府债以及人民银行、政策性银行发行的债券是我国商业银行证券投资的主要目标。三是商业银行表外业务。就是指商业银行不运用或不直接运用自有资金且不承担或不直接承担市场风险，以接受客户委托为前提的经营活动。商业银行表外业务分为传统表外业务和狭义表外业务。传统表外业务又称中间业务，包括支付结算业务、托管业务、银行卡业务、理财业务等。狭义的表外业务是指与商业银行资产负债表业务关联大的业务，主要包括担保业务、承诺业务等。随着金融全球化进程的不断深化，发展中间业务将为商业银行创造更多的利润。

商业银行是经营货币的特殊企业，具有与一般企业追求利润最大化的相同目的，但追求利润最大化的同时也要保证资金安全性以及适当的流动性，即商业银行具有安全性、流动性和盈利性“三性”原则。一是安全性原则，是指商业银行要保证资金安全性，避免各类风险发生对其资产、负债及信誉的影响。商业银行自有资金相对较少，负债比率较高，这使得商业银行相对于其他企业抗风险能力较低。为保证稳健经营，必须将安全性原则放在首位。二是流动性原则，是指商业银行资产在不发生损失的情况下，能以合理价格获取可用资金并迅速变现的支付能力。三是盈利性原则，即体现了商业银行作为企业的本质，作为企业的商业银行要创造利润为股东和投资者负责。商业银行“三性”原则间具有紧密的关系，流动性与安全性具有正相关关系，通常而言，流动性高的资产都较安全。流动性与盈利性具有负相关关系，流动性强的资产盈利性较差。安全性与盈利性具有负相关关系，过多地追求盈利，就会存在更大的风险，相应的安全性就会较低。安全性是商业银行经营的前提，是经营原则之首，流动性是实现安全性的必要手段，盈利性是商业银行的经营目标。

商业银行的经营过程包含两个子系统，分别为资金获得子系统和利润产生子系统，商业银行在资金获得子系统中利用劳动力、固定资产、经营费用等人力、物力、财力产生负债，然后再利用这些获得的负债，在利润产生子系统中生产利息收益和非利息收益。从商业银行子系统的功能来看，资金获得子系统就是资金筹集子系统，利润产生子系统就是资金运营子系统。商业银行资金筹集子系统功能主要是通过负债管理来实现，资金运营子系统功能主要是通过资产管理和资产负债外管理（表外业务）来实现。

经过以上分析，我们知道企业存在的目的就是取得利润，实现股东价值最大化，在既定成本前提下实现收入最大化或者在既定收入前提下实现成本最小化。从最终意义上讲，商业银行所有经营活动都是在确保安全性和适宜流动性的基础上，围绕利润展开的，其最终结果都是为了创造利润。然而，从商业银行经营理论发展历程来看，理论和实践发展与时代背景都有着密不可分的关系。党的十九大提出实施乡村振兴战略，解决“三农”问题被上升到国家战略的高度。我国农村商业银行与一般商业银行不同，具有服务“三农”的特殊使命，农村商业银行立足农村，服务“三农”是农村商业银行必须履行的社会责任。因此，与一般商业银行相比，农村商业银行除了要以安全性、流动性、盈利性为原则外，还需要考虑为“三农”服务任务，考虑服务“三农”职责的系统可以称之为服务应用子系统。因此，农村商业银行系统在一般商业银行系统基础上，共包括三个子系统，即资金筹集子系统、资金运营子系统和服务应用子系统。

农村商业银行经营系统具有以下基本特征：

（1）整体性。农村商业银行经营系统是一个由互相联系、互相作用的资金筹集、资金运营、服务应用三个子系统组成的有机整体，整体大于各个部分之和，就农村商业银行这个整体系统而言，又包括经营系统、内控系统等子系统，经营系统又是农村商业银行系统的组成要素之一，这符合一般系统论关于系统的最基本观点。农村商业银行系统作为一个整体，其整体所能发挥的功能要比各个组成要素的功能的总和大得多。因此，农村商业银行系统要考虑系统的整体性，树立整体观念，组成要素的利益要服从整体的利益，充分发挥系统的整体功能，一切要为实现整体目标而努力。

（2）相关性。系统、要素、环境是互相联系、互相作用、互相依存、互相制约的，系统与要素、要素与要素、系统与环境之间的互相联系、互相作用的结果促使系统是运动的，并且具有整体属性。农村商业银行系统的各个子系统一定是互相联系、互相约束的关系。其中，农村商业银行经营系统的资金筹集、资金运营、服务应用三个子系统之间也是既互相关联、密切配合，又互相约束，合规合法。

（3）目的性。对任何一个系统来说，都具有趋向稳定、有序的目的性，它的存在都是为了达到既定目标。农村商业银行系统要实现经营子系统、内控子系统等的平衡发展，以实现农村商业银行的可持续目标。同时，前文对农村商业银行经营系统的构成作了具体分析，农村商业银行经营系统也是要实现资金筹集、资金运营、服务应用三个子系统的均衡发展，进而实现经营系统目标。

（4）层次性。系统是由一定的要素构成的，这些要素也称作整体系统的子系统。农村商业银行经营系统是由资金筹集、资金运营、服务应用三个子系统组成的一个完整系统，同时，环环相扣又是三个子系统的突出特征，处理好农村商业银行系统的结构层次，有利于农村商业银行实现系统目标。

（5）环境性。系统论认为现实中的系统都是开放的系统，系统总是通过与环境有物质、信息、能量交换，存在并在特定环境中发展。一个系统必然是在其与环境的相互作用的过程中表现出系统的功能。系统的功能由系统的结构来决定，但是系统发挥出哪些功能，是系统自身与其所处的环境共同来决定的，环境变化对所处其中的系统有很大影响。农村商业银行经营系统同样会受到其所处环境的影响，不同的外部环境和农村商业银行经营系统自身内部环境都会对其经营效率产生重要影响。因此，农村商业银行经营系统效率必须考虑环境的控制和影响。

（6）动态性。不断运动是系统和一切事物的相同属性，任何系统都是具有时间性的、作为过程展开的动态系统。农村商业银行经营系统也是在适应农村商业银行发展和创新需要的过程中不断改进和逐步完善的。

2.6 农村商业银行经营系统组成要素

通过上文的分析，农村商业银行经营系统涉及资金筹集子系统、资金运营子系统和服务应用子系统。

2.6.1 资金筹集子系统

农村商业银行资金筹集实际上包括两个部分，一是农村商业银行通过资本筹集，保障自身稳健经营。二是在确保农村商业银行稳健经营的基础上，通过开展负债业务，保证农村商业银行的资金来源。

农村商业银行资本筹集来源主要有两个方面，即内部筹集资本和外部筹集资本。农村商业银行内部筹集资本主要来源于未分配利润。内部筹集资金有很多优势，一是不用依靠公开市场筹集资本，由于省去了发行成本，因此筹集成本比较低。二是假如农村商业银行出售新股票，新股东将会分享老股东的未来收益，所以内部筹集资本避免了股东所有权稀释和股东所持股票每股收益的稀释，不会削弱股东控制权。内部筹集资本的劣势主要是银行自身会限制资本筹集数量。一是政府对农村商业银行资本金规模的限制会影响资本筹集数量，当资本比例要求下降时，用较少的未分配利润就能够支持较多的资产增长，当资本比例要求提高时，相同的未分配利润规模仅能支持较少的资产增长。二是农村商业银行获利能力会影响资本筹集数量，当农村商业银行盈利能力提高时，能够计提的未分配利润会相应增加，就会支持更高的资产增长。三是可用于分配的未分配利润是影响农村商业银行资本筹集数量因素之一，农村商业银行管理者必须决定现期股利与现期税后净收入的比例。农村商业银行外部筹集资本主要来源于发行股票和发行中长期债券，农村商业银行选择哪一种资本筹集方式，主要取决于外部资本筹集成本、对农村商业银行股东收益的影响、农村商业银行股东对银行控制权的影响、资本筹集风险、政府法律规定等。

负债业务是农村商业银行资金筹集的主要来源。农村商业银行开展负责业务的目的主要有两个。就是保持农村商业银行的流动性的同时保持农村商业银行资产增长。现阶段，农村商业银行的负债业务正从淡出依靠存款向多元化发展，主要有存款和非存款性资金来源。存款业务依然是农村商业银行的主要资金来源，在存款无法满足贷款和投资增长的需求时，农村商业银行就要寻求存款业务以外的其他资金来源，主要是同业拆借和发行中长期债券，特别是中等规模的农村商业银行，通过在银行间市场发行二级资本债券来补充二级资本，既可以解决农村商业银行长期资金来源问题，又能够直接用于农村商业银行下一步业务开展和资产规模的扩张。

农村商业银行在保证资本充足率的基础上，利用现有人力、物力、财力，在法律允许范围内，综合考量各种资金供给渠道的可能性和供给成本，解决资金供给问题所形成的网络就是资金筹集子系统，如图 2－1 所示。

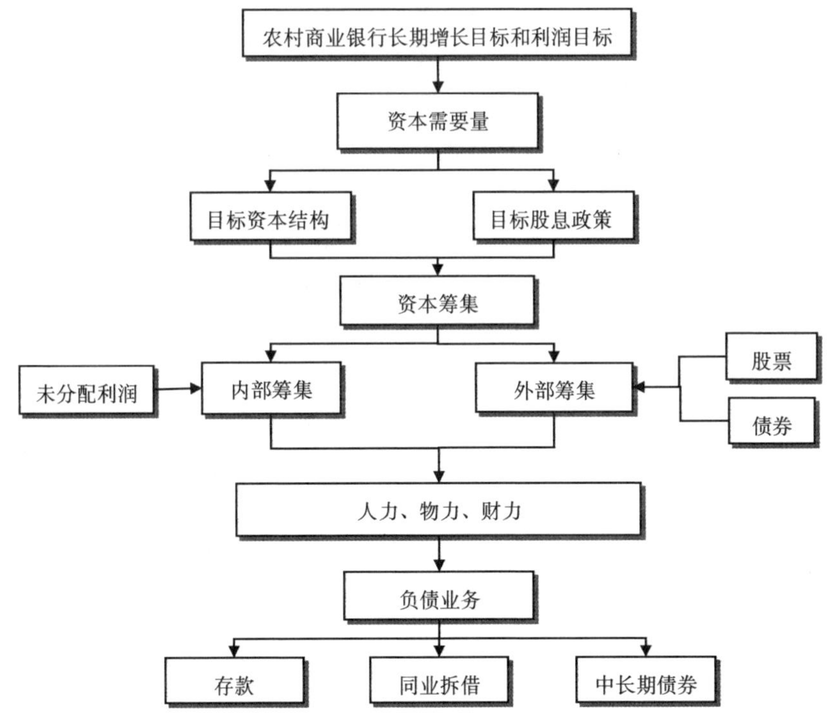

图 2－1　农村商业银行资金筹集系统结构图

2.6.2　资金运营子系统

农村商业银行资金运营主要通过其资产业务来实现，主要包括贷款业务和投资业务。

贷款业务又称作信贷资产或信贷业务，是农村商业银行最重要的资产业务，农村商业银行通过放款收回本金和利息，在扣除成本后获得利润。对于大规模的农村商业银行，其贷款的集中度较高，主要投向房地产、制造业，涉农贷款的比例比较低。对于中等规模的农村商业银行，其贷款的集中度比较高，主要投向批发零售业，中小企业是其贷款的主要对象。对于小规模的农村商业银行，其贷款集中度比较低，不良贷款率比较高。

尽管贷款业务是农村商业银行最主要的资产业务，但农村商业银行并不是将所有的资金都用于贷款。一是由于大多数贷款的流动性比较低，特别是涉农贷款回收周期长，加入农村商业银行急需资金，贷款不能在到期前回收或者出售。二是农村商业银行最大的风险资产就是贷款资产，在农村商业银行信用中，贷款的违约率是最高的。三是农村商业银行特别是中小农村商业银行的大部分贷款集中在当地，相应的风险集中度也比较高，假如当地发生经济重大衰退，农村商业银行大部分贷款的质量都会被削弱。近年来，个别农村商业银行把其资产组合的一部分投资于证券，但这方面的资产业务与贷款业务相比仍然是微乎其微。

贷款资产证券化是农村商业银行资产业务创新，就是将企业和金融机构缺乏流动性，但是能够产生稳定、可预期的现金流的资产进行组合，以这一基础资产产生的现金流为支撑，在资本市场发行证券的一种筹资方式，利用这种方式发行的证券就是资产支持证券。一般商业银行的信贷资产支持证券主要有公司信贷资产支持证券、个人住房抵押贷款资产支持证券、个人汽车抵押贷款资产支持证券、不良资产支持证券、信用卡应收款项资产支持证券等。农村商业银行由于经营区域和客户群体的局限，其发展普遍面临瓶颈，而通过发行资产证券化产品，农村商业银行实际上是将贷款通过证券化转化为公开交易的证券，对农村商业银行来说，就是通过证券化收回用来购买资产的投资，回收的投资还可以再次被利用得到新的资产，不但有利于农村商业银行弥补部分经营成本，而且有利于其利用新的资产快速获得新的贷款收益。农村商业银行通过拓展这项业务，还能够提升品牌价值，很多农村商业银行都具有发行意愿。国内首支农村商业银行消费贷款资产支持证券“15 普盈 1”于 2015 年在银行间市场正式发行，它的发行促进了厦门农村商业银行信贷空间的腾挪。

农村商业银行在保证安全性的基础上，利用现有人力、物力、财力，以及存款、同业拆借、债券融资等流动资金，在法律允许范围内，通过开展贷款、投资、贷款资产证券化等资产业务，解决盈利性最大化问题所形成的网络就是资金运营子系统，如图 2－2 所示。

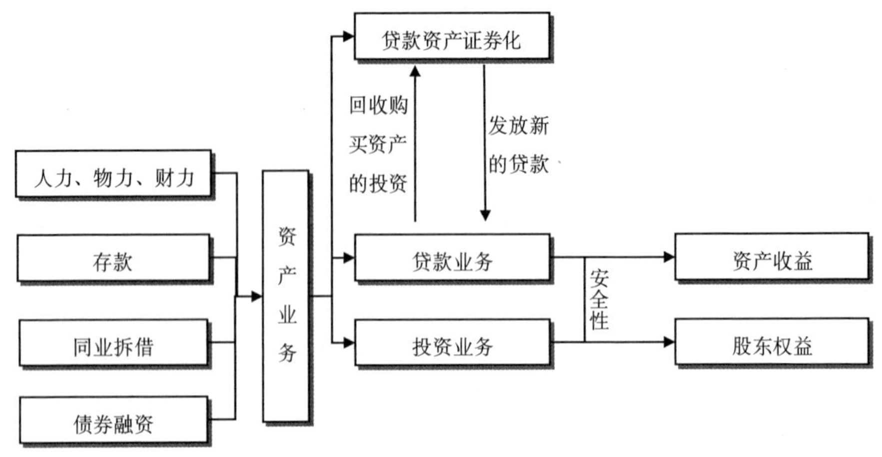

图 2-2 农村商业银行资金运营系统结构图

2.6.3 服务应用子系统

农村商业银行服务应用子系统主要是发挥农村商业银行“三农”金融服务功能，主要通过两方面来实现这一重要职责和功能。一是通过农村商业银行贷款特别是涉农贷款的发放来支持农村经济发展、农业产业发展和农民生活改善。二是运用资金运营收益开展金融租赁、跨地区经营业务，推动农村经济社会发展以及农民生活和农村环境改善。

金融租赁是指由出租人按照承诺人的请求和双方事先的合同约定，向承租人指定的出卖人购买承租人指定的固定资产，在出租人拥有该固定资产所有权的前提下，以承租人支付的全部租金为条件，将该固定资产一个时期的占有、使用、收益权让渡给承租人。金融租赁业务基本上不受行业和地域的限制，很多农村商业银行受到限制的业务，可以通过金融租赁公司来完成。第一家由农村商业银行参股设立的金融租赁公司是邦银金租公司，由成都农村商业银行和安邦人寿联合筹建，于 2014 年 9 月获准开业，重点支持“三农”客户、中小企业、“小微金融”发展。

跨地域经营，一方面是针对发展比较好的特别是大型及特大型农村商业银行，在其资本条件充足的情况下，设立跨地域的异地分支机构，获得更大的发展空间，或者对其他农村合作金融机构进行收购、兼并、战略投资，帮助异地弱小农村合作金融机构化解风险，支持异地“三农”发展。另一方面是农业贷款收益低、风险大的特征突出，为了农村商业银行通过以城带乡的方式，保障发放涉农贷款的数量，通过将城市网点产生的利润转移到农村网点来支持农村网点发放贷款。

农村商业银行在保证安全性的基础上，在法律允许范围内，通过发放贷款特别是涉农贷款，以及运用资金运营收益开展金融租赁和跨地区经营等业务，解决最大程度服务“三农”发展问题所形成的网络就是服务应用子系统，如图2－3所示。

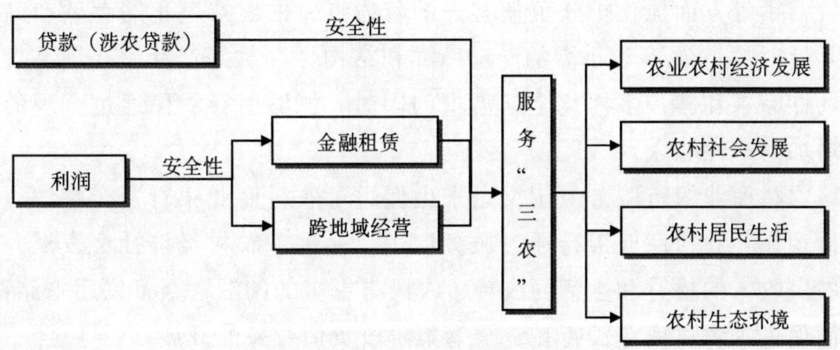

图2－3 农村商业银行服务应用系统结构图

2.7 农村商业银行经营系统组成要素间的相互作用

2.7.1 资金筹集子系统与资金运营子系统

农村商业银行资金筹集对农村商业银行资金运营的促进作用主要体现在：农村商业银行资金筹集能够扩大资金运营规模，农村商业银行资金运营需要投入资金，资金筹集阶段筹集的资金作为资金运营子系统的动力，其资金供给程度决定着资金运营子系统业务开展的程度。随着农村商业银行的不断发展壮大，其负债业务的种类不断丰富和完善，流动资金积累不断增长，推动农村商业银行资产业务的大力开展。

农村商业银行资金运营反过来也促进了农村商业银行资金筹集，主要体现在：随着农村商业银行在资金运营子系统资产业务种类及规模的不断发展，农村商业银行越是要大力发展资产业务，对资金的需求量就越大，从而促进了农村商业银行资金筹集阶段负债业务的开展。

2.7.2 资金筹集子系统与服务应用子系统

农村商业银行资金筹集对农村商业银行服务应用的促进作用主要体现在：农村商业银行的负债业务是其吸收资金的主要来源，是农村商业银行经营的先决条件和最基本的要素。农村商业银行从产品、服务、客户、营销等方面抓住扩展负债客户的着力点，推出特色化的存款产品特别是针对“三农”和小微的专项债券和结构性存款等产品，在满足自身流动性需求和客户多样化金融需求的同时，能够引导农民通过合理的理财增加财产性收入。

农村商业银行服务应用反过来也促进了农村商业银行资金筹集，主要体现在：农村商业银行通过服务应用，促进了农村经济社会发展，以及农民收入的提升和生活的改善，农民有更多的闲散资金可以用来储蓄，从而促进了农村商业银行在资金筹集阶段负债业务的开展。

2.7.3 资金运营子系统与服务应用子系统

农村商业银行资金运营对农村商业银行服务应用的促进作用主要体现在：根据财务效率作用于社会责任的理论，资金供给假说认为，一个企业要承担其应该承担的社会责任，就必须具备足够的资金实力。这样才能在满足自身正常经营及发展的基础上，有足够的能力去承担其社会责任。也就是说，财力和物力是制约农村商业银行发挥服务“三农”作用的重要因素，随着农村商业银行以追求利润最大化为目标的资金运营的不断深入和发展，可用于服务“三农”的财力、物力等得到保障，进而有助于提高农村商业银行服务应用也就是服务“三农”的能力和水平。

农村商业银行服务应用反过来也促进了农村商业银行资金运营，主要体现在以下两个方面：一方面是随着农村商业银行服务应用的不断深入，“三农”对金融支持的认知程度不断提高，对于金融产品种类和资金数量的需求也会随之增加，这就迫使农村商业银行在资金运营过程中，不断创新金融产品和不断创造更多利润以满足“三农”发展需求。另一方面是服务“三农”有利于提高农村商业银行的知名度和美誉度，农村商业银行也可能因此获得政府和监管部门更大的支持，更加有利于农村商业银行在资金运营子系统资产业务的开展，从而获得更多的收益。

2.8 农村商业银行经营效率理论框架构建

根据商业银行经营理论，农村商业银行的主要经营业务是负债业务和资产业务，同时农村商业银行又承担服务“三农”的重要职责，就农村商业银行这一特殊的金融机构而言，其经营环节不只是资金筹集和资金运营，到资金运营环节并没有结束，还要利用获得的利润服务“三农”发展，其经营环节实际是资金筹集、资金运营、服务应用的统一。同时，农村商业银行经营又符合系统论的基本特征，可以将其经营系统划分为资金筹集、资金运营、服务应用三个子系统。根据核心概念的界定和效率理论的分析，农村商业银行在经营业务活动中会追求投入与产出或者成本与收益的对比程度最大化，而农村商业银行三个子系统之间又存在紧密的联系，农村商业银行在资金筹集子系统通过加大资金筹集力度满足资金运营需要，推出特色存款产品引导农民增加财产性收入；在资金运营子系统通过做大资产业务带动负债业务开展，提升资金实力促进服务“三农”能力提升；在服务应用子系统吸收农民闲散资金发展负债业务，以“三农”资金需求促使更多利润创造，农村商业银行必然在每个子系统都追求投入与产出或者成本与收益的对比程度最大化，但事实上，农村商业银行经营有效并不是每个子系统效率的简单叠加，比如过高的存贷比可能会造成农村行业银行流动性风险导致经营效率降低。因此，农村商业银行经营效率实际上是对资金筹集、资金运营、服务应用三者间紧密关系的一种度量，只有实现资金筹集、资金运营、服务应用三者之间的平衡，农村商业银行才是经营有效的。本书将农村商业银行经营效率进一步界定为：通过提供人力、物力、财力支持，在保证农村商业银行以最小化的成本筹集所需资金的同时，实现农村商业银行利润最大化，促进农村商业银行最大限度地服务“三农”发展。

资金筹集、资金运营、服务应用三者关系密切，根据农村商业银行经营系统各子系统内部关系，架构了农村商业银行经营效率理论框架，如图 2－4 所示。

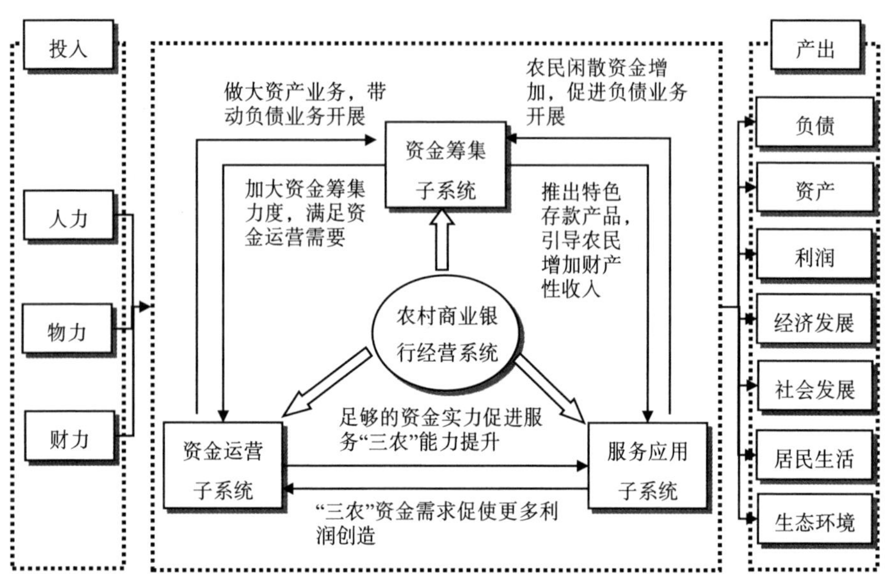

图 2－4　农村商业银行效率理论框架

根据农村商业银行经营系统各组成要素间的关系，发现农村商业银行经营效率具有以下特征。

1. 多样性。农村商业银行经营效率同时涉及资金筹集子系统、资金运营子系统和服务应用子系统，其研究的目标是多样性的，简单地说就是“筹资成本最小化、盈利能力最大化、社会福利最大化”。一是筹资成本最小化。资金筹集是农村商业银行发展的基础，为农村商业银行业务开展提供了资金保障，确保各项业务的顺利运行。以最小化的筹资成本获得所需流动资金是农村商业银行资金筹集的最终目标。二是盈利能力最大化。为了自身利润最大化，农村商业银行作为市场经济活动的一分子和企业平等参与市场竞争。农村商业银行主要发挥信用中介的作用，农村商业银行资产负债表上的业务是其主要业务和利润来源。贷款是农村商业银行的传统核心业务，是最主要的核心资产，农村商业银行通过其信贷资产组合行为追求一定条件下的利润最大化。同时，伴随着金融全球化、金融创新以及金融深化，现代信息技术的发展和透明度的增加使银行业的信息专业化优势降低，来自金融市场和非银行金融机构的竞争使得银行业传统业务的盈利空间不断缩小。为了求得生存和发展，农村商业银行也积极发展衍生金融产品交易、表外业务、资产证券化以及混业经营等金融创新，开发出一系列新型金融产品，拓宽生存空间。三是社会福利最大化。农村商业银行服务应用的目标主要是服务“三农”发展，即在合理配置农村商业银行已有资源的基础上，尽最大努力推动农村经济资源的流动，促进农村经济、民生等各方面的发展。

2. 复杂性。农村商业银行经营效率在实现“筹资成本最小化、盈利能力最大化、社会福利最大化”的过程中会出现相互促进和相互冲突的现象。农村商业银行资金筹集数量要适应资金运营的需要，资金运营也要适应筹集的资金数量，也就是说，农村商业银行资金筹集和资金运营实际上是在相互制约中相互促进的，要通过对流动性不同的资产和负债之间的比例关系进行组织、协调、平衡、控制，最终实现资产和负债利差最大化。尽管农村商业银行在获得利润后，才能更好地履行服务“三农”发展的服务应用职能，但是从农村商业银行商业可持续、追求利润最大化角度来看，“三农”的社会福利实际是挤占农村商业银行的投资资金的，个别农村商业银行在实践中对于自身利益的考量可能会超出对于社会福利的考量，就可能会出现为了应对农村商业银行服务“三农”监管而流于形式的服务应用。

3. 整体性。农村商业银行经营效率在研究目标上，涉及“筹资成本最小化、盈利能力最大化、社会福利最大化”。在研究内容上，资金筹集、资金运营、服务应用之间存在着互相促进、互相冲突、互相制约的情况。资金筹集为农村商业银行业务开展和实现盈利提供了资金基础，资金运营为农村商业银行服务应用提供了利润基础，为了实现“筹资成本最小化、盈利能力最大化、社会福利最大化”目标，需要将资金筹集、资金运营、服务应用作为一个整体，从整体角度出发，协调好资金筹集、资金运营、服务应用三者的关系，才能达到提升农村商业银行经营效率的目的。

2.9 本章小结

农村商业银行经营系统分别涉及资金筹集、资金运营、服务应用三个系统要素，且两两系统要素之间同时存在着互相促进、互相制约的复杂关系。农村商业银行经营效率是对资金筹集、资金运营、服务应用三者之间复杂关系的度量。本章将农村商业银行经营效率界定为：通过提供人力、物力、财力支持，在保证农村商业银行以最小化的成本筹集所需资金的同时，实现农村商业银行利润最大化，促进农村商业银行最大限度地服务“三农”发展。人力、物力、财力作为农村商业银行经营效率的投入要素，而负债、资产、利润、农业农村经济发展、农村社会发展、农村居民生活、农村生态环境是农村商业银行经营效率的产出要素，根据投入产出构建农村商业银行经营效率理论框架。根据农村商业银行经营系统组成要素间的相互作用，发现农村商业银行经营效率具有多样性、复杂性、整体性特征。

3 我国农村商业银行发展及投入、产出分析

在上一章构建农村商业银行经营效率理论框架的基础上，本章首先介绍了农村商业银行的历史演变。其次，从公司治理、经营管理、盈利能力和资产质量四个方面深入分析了现阶段我国农村商业银行的经营状况。最后，以本书选取的45家农村商业银行样本为例，分析了我国农村商业银行投入产出，为下文农村商业银行经营效率评价指标体系构建和经营效率评价进行铺垫。

3.1 我国农村商业银行发展的历史演变

一直以来，农村金融供求失衡和资源错配，阻碍了我国农村经济可持续发展。面对新的农村经济发展形势和广大农民对美好生活的新需求，传统的农村信用合作社的发展模式已难以适应农村金融发展的需要，农村金融改革的重点是对农村信用合作社进行股份制改革，这也是促进农村地区经济发展的必然要求。

农村信用合作社是农村商业银行的前身，农村商业银行是农村信用合作社经过股份制改造的产物，是由民营企业、有限责任公司、股份制公司和自然人等出资组成的地方性股份制银行，是为地方经济发展服务的一级法人商业性银行。因此，我国农村商业银行的发展历程实质上就是由合作制的农村信用合作社向股份制的农村商业银行的蜕变历程，这一历程也反映了我国农村金融改革30多年的发展成果。如图3-1所示，自1978年十一届三中全会至今，我国农村商业银行的发展大致经历了以下几个阶段：

3.1.1 恢复与发展并进期

起止时间是从 1978 年到 1996 年 8 月，主要标志是政府主导的合作社制度的反思和初步调整。1978 年十一届三中全会的召开标志着农村信用合作社正式进入恢复与发展并进的时期，在 20 世纪 80 年代末召开的农业银行总行行长会议中，参会者认真分析探讨了政府主导合作社机制的弊端。1984 年 8 月中国农业银行总行向国务院提交了《关于改革农村信用合作社管理体制的报告》指出，有必要通过对农村信用合作社进行改革以使其实现民主管理，灵活经营，独立核算，自负盈亏。同年，国务院将这一报告转发给各相关单位，这意味着农村信用合作社开始进入改革的快车道。1989 年，农村信用合作社进入以加强内部管理和规范金融秩序为目标的初步整顿时期，这一时期农村信用合作社开始走向自主经营、自负盈亏的发展道路，管理体制机制明显改善。

3.1.2 改革试点期

这一时期是 1996 年 8 月到 2003 年 6 月。1996 年国务院《关于农村金融体制改革的决定》的颁发是这一阶段开始的标志，《决定》明确指出农村信用合作社从中国农业银行中分离出来，摆脱原来的行政隶属关系，由中国人民银行对其进行金融监管，由农村信用合作社联社进行业务管理，实行一人一票的管理制度，坚持合作制原则，依靠自我管理，独立发展。农村信用合作社和中国农业银行的脱钩，意味着农村信用合作社正式步入独立发展之路，农村信用合作社真正成为社员入股、集体管理、服务农村的合作制金融机构。2000 年 8 月，经国务院批准，中国人民银行开始统一农村信用合作社和农村信用合作社联社法人，组建省社联，并以江苏为试点，以县为单位统一法人，根据地区经济发展水平和发展潜力组建了我国历史上第一批股份制农村商业银行：张家港农村商业银行、江阴农村商业银行和常熟农村商业银行，这标志着我国农村信用合作社股份制改革进入了新的历史起点。农村商业银行的试点运营不仅转变了原有农村信用合作社的股权结构、经营理念、管理模式和组织结构，还为农村金融的发展注入了新鲜活力。此外，在北京、天津、上海、重庆、南京组建的5家省级信用联社，在浙江、福建、黑龙江、四川、陕西创建的5个省级信用协会，以及组建的65家地市级信用联合社，也为农村信用合作社改革的深化积累了宝贵的经验。

3.1.3 改革深入期

起止时间是2003年6月至2009年。2003年6月，国务院《深化农村信用合作社改革试点方案》指出，吸取江苏省农村信用合作社试点改革的经验，按照“明晰产权关系、强化约束机制、增强服务功能、国家适当扶持、地方政府负责”的总体思路，扩大改革试点范围。同年5月，国务院决定对浙江、山东等八个省（市）的农村信用合作社进行改革。自此，新一轮的改革序幕正式拉开。截至2004年8月，除西藏、海南以外的29个省级区域均启动了农村信用合作社改革试点，2007年海南省也正式成立了农村信用合作社海南省联社。至此，全国范围内的农村商业银行快速涌现，农村信用合作社向农村商业银行改造的方向更为明确、步伐逐渐加快、模式日趋成熟、发展更加稳健。据统计，2009年年末我国农村商业银行总数达到43家。这一阶段，政府在财政税收方面给予了有力的政策支持，农村信用合作社体制机制不断健全，逐渐从亏损状态中摆脱出来，合作制的农村信用合作社向股份制的农村商业银行改革的进程也不断加快，改革成效显著。

3.1.4 快速发展期

2010年，银监会表示停止设立新的农村合作银行，满足相关条件的农村信用合作社可直接改造为农村商业银行，我国农村商业银行进入快速发展时期，并延续至今。在这一阶段，农村商业银行的资产质量不断提高，管理模式日趋成熟，组织结构逐渐完善，内部控制体制更加科学，业务范围不断拓宽，支农力度逐渐加强，综合竞争力逐渐增强，社会价值不断提高。银监会网站的相关统计数据显示，截至2011年年底，我国农村商业银行数目达到212家，2013年包括正在筹建的农村商业银行在内共计468家。最新数据显示，2016年年底我国农村商业银行的数目增加至1055家，较2011年年底增长近5倍，2017年年底已有11家农村商业银行成功上市。随着农村信用合作社改革进程的不断加快，农村商业银行已经成为农村金融的主力军，并将有力支持新农村建设和乡镇企业发展，进而促进农村经济持续健康发展。

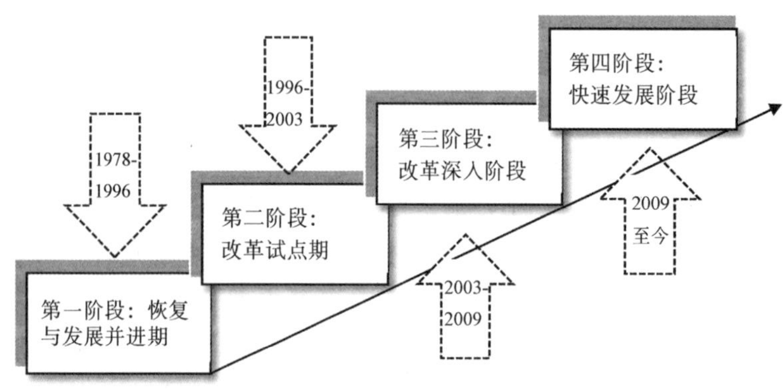

图 3－1　我国农村商业银行发展的历史演变

3.2　我国农村商业银行发展现状分析

经历十多年的改革发展，农村商业银行已经发展成为我国商业银行体系的不可或缺的重要组成部分，在服务实体经济和践行普惠金融过程中发挥着愈加突出的作用，对完善我国农村金融体系和发展农村经济都至关重要。当前，在我国农村经济持续发展和农村资金需求不断变化的背景下，农村商业银行也不断发展，不管是在规模方面，还是在盈利方面，抑或是在风险管理方面，都取得了重大进展与突破。

作为区域性金融机构，虽然我国农村商业银行在发展过程中面临着一些问题，但是随着农村金融体制改革的不断深入，我国农村商业银行在发展规模、经营管理和盈利能力等方面卓有成效，我国农村商业银行在改革中不但发展壮大，实力日益增强。截至 2016 年年底，我国农村商业银行的总资产达到 20.27 万亿元，总负债达到 18.75 万亿元，分别是 2007 年的 33.34 倍和 32.51 倍。中国农村商业银行经营状况逐步改善，中国农村商业银行效率生成条件基本具备，为进一步提升我国农村商业银行的效率创造了有利条件。

从发展速度看，2001 年我国开始在常熟、张家港、江阴 3 地试点农村商业银行，经过较长时间的缓慢发展，到 2008 年我国农村商业银行共计 22 家。从 2009 年开始，随着农村金融改革的深入和国家政策的大力支持，我国农村商业银行的发展进入快车道。如图 3－2 所示，截至 2017 年年底，我国农村商业银行总共达到 1262 家，较 2008 年增加 50 余倍。其增速总体呈倒“U”形趋势，2011 年增速最高为 149.41%，随着我国农村商业银行的发展逐渐趋于稳健，最近几年的增速也有所放缓。

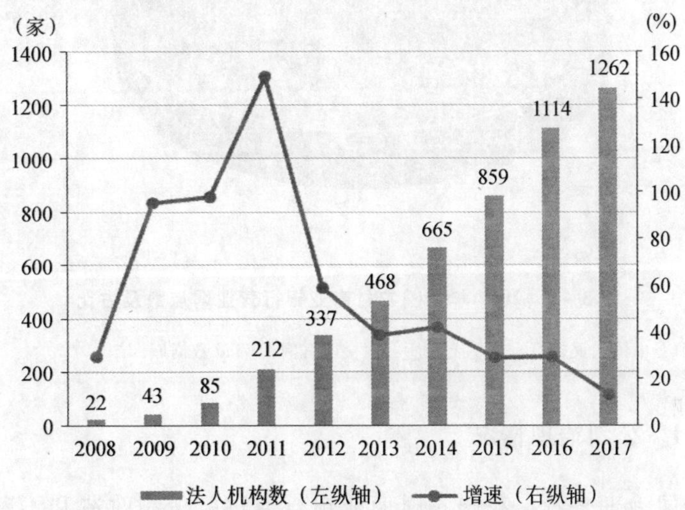

图 3－2　2008—2017 年我国农村商业银行法人机构数及增速

资料来源：中国人民银行官网，上交所、深交所官网，Wind 数据库。

如图 3－3 所示，截至 2017 年年底，我国金融机构营业网点数量达到 84550 家，其中农村商业银行和农村信用合作社营业网点数合计达到 78192 家，所占比重高达 92.71%。随着我国农村信用合作社改制工作的持续推进，农村商业银行营业网点的数量达到 50107 家，已经远远超过农村信用合作社营业网点的数量，成为涉农及金融机构中数量最多、占比最大、分布最广的农村金融机构。当前，作为区域性金融机构，农村商业银行立足本土，深耕农村市场，这使农村商业银行在农村地区网点分布广泛，已经做到本土市场服务全覆盖。基于地缘优势以及客户网络的广泛性，再加上农村商业银行在农村地区多年的经营积累，使农村商业银行能够较好地满足客户的要求，拥有扎实的客户忠诚度，在本地市场具备强大的业务竞争能力。

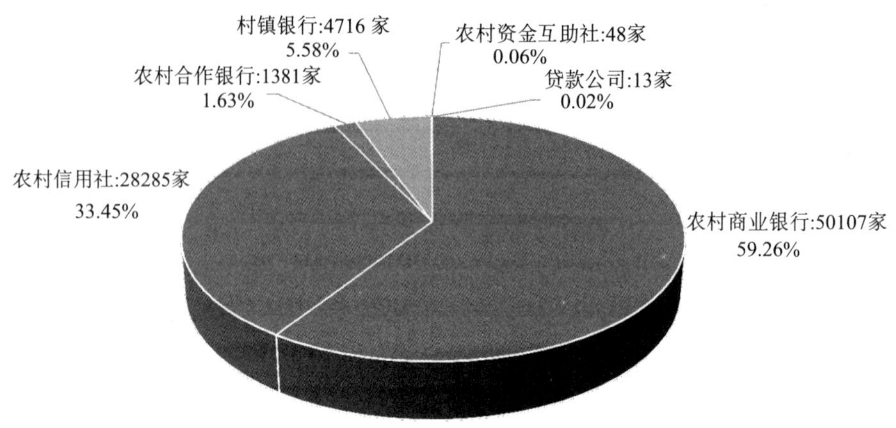

图 3－3　2017 年我国农村商业银行营业网点数及占比

资料来源：中国人民银行官网，上交所、深交所官网，Wind 数据库。

3.2.1　公司治理情况

从公司治理来看，我国农村商业银行通过股份制改造和不断改革经营体制，公司治理体制机制日臻完善，公司治理水平逐步提高。随着农村金融改革的深入开展，我国农村商业银行逐渐认识到公司规范治理的重要性，并基本建立起“三会一层”的公司治理结构，股权结构趋于合理，股权高度集中的现象有所扭转，信息披露也更为充分。与此同时，部分经营业绩较好、竞争力较强的优秀农村商业银行开始通过控股或参股的方式输出优秀的管理经营。例如，江阴银行参股江苏靖江农村商业银行和江苏姜堰农村商业银行，并成为这两家银行的最大股东，广州农村商业银行控股湖南株洲珠江农村商业银行。随着市场在资源配置中决定性作用的逐渐发挥，我国农村商业银行的市场竞争将日益加剧，农村商业银行间的兼并重组将成为常态，行业格局也将发生较大变化。此外，走向资本市场也成为我国农村商业银行的重要选择。截至 2017 年，我国有 5 家农村商业银行在 A 股上市，3 家在 H 股上市，这批上市的农村商业银行经营管理水平、风险管控能力进和资产盈利能力普遍较高，未来可以预见将有越来越多优秀的农村商业银行走向资本市场，上市的农村商业银行队伍将日益壮大。

3.2.2　经营管理情况

从经营情况来看，根据图 3－4 可知，我国农村商业银行的总资产和总负债均呈现出逐年增长的趋势。随着我国农信社改制的提速和农村商业银行业务的快速发展，我国农村商业银行的总资产从 2007 年的 6097 亿元增长到 2017 年的 23 万亿元，增长了 37.72 倍，总负债从 2007 年的 5767 亿元增长到 2016 年的 21.2 万亿，增长了近 36.76 倍。相应地，我国农村商业银行的所有者权益也呈现出稳定增长的趋势。根据银监会的最新公告，2017 年年末资产规模位居前五的农村商业银行的资产总额均达到 7000 亿元以上，其中重庆农村商业银行资产规模最大超过 9000 亿元。从存贷款业务来看，农村商业银行的存款总额和贷款总额都表现出逐渐增长的趋势，到 2017 年年底存贷款总额分别达到 172066.24 亿元和 106531.99 亿元，较 2011 年分别增长 5.22 倍和 5.04 倍。而且，不少农村商业银行的存贷款份额在本地同业机构中居于首位。以 A 股上市的五家农村商业银行为例，其存款份额普遍在 20% 以上，贷款份额基本在 15% 以上，在本地的银行业金融机构中存贷款份额排名位于前列。在中间业务方面，近年来，我国农村商业银行的中间业务取得了长足发展，如电话银行、网上银行等。其中，银行卡类业务发展最为迅速，成果也最为显著，具体表现为居民持卡量、持卡交易和结算量呈现出逐渐增加的趋势。此外，代理类中间业务产品种类也日益丰富，其主要的产品类型主要是公共事业收费。总的来说，我国农村商业银行实现了稳步发展，农支农能力逐步提高。

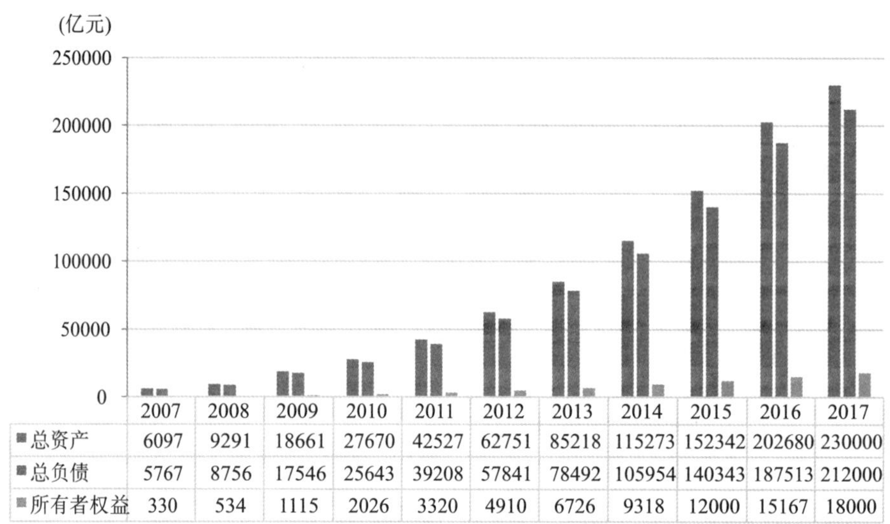

	2007	2008	2009	2010	2011	2012	2013	2014	2015	2016	2017
■总资产	6097	9291	18661	27670	42527	62751	85218	115273	152342	202680	230000
■总负债	5767	8756	17546	25643	39208	57841	78492	105954	140343	187513	212000
■所有者权益	330	534	1115	2026	3320	4910	6726	9318	12000	15167	18000

图 3－4　2007—2017 年我国农村商业银行资产、负债和所有者权益

资料来源：中国人民银行官网，上交所、深交所官网，Wind 数据库。

表 3－1　　2001—2017 年我国农村商业银行存贷款总额

	2011	2012	2013	2014	2015	2016	2017
存款总额（亿元）	32941.65	49516.02	67037.08	88452.69	116224.70	152554.52	172066.24
贷款总额（亿元）	21149.55	32195.64	43267.12	57579.36	75313.69	95741.88	106531.99

资料来源：根据国泰安数据库，Wind 数据库整理。

此外，由表 3－2 可知，我国农村商业银行的拨备覆盖率从 2014 年的 236.54% 减少到 2017 年的 163.31%，表现出下降的趋势，且在 2017 年首次低于商业银行拨备覆盖率的平均水平 181.41%。同样地，资本充足率也表现出下降的趋势，在 2017 年也低于了商业银行平均水平。这说明在利率市场化和农村金融改革不断深化的背景下，我国农村商业银行的风险管理能力和抗风险能力较弱，缺乏科学有效的风险防控机制，因此，我国农村商业银行要以降低不良贷款率、提供贷款质量，确定科学合理的拨备覆盖率和资本充足率水平为目标，不断加强自身风险管理的能力。

表3-2　2014—2017年我国农村商业银行拨备覆盖率和资本充足率

	拨备覆盖率（%）		资本充足率（%）	
	农村商业银行	商业银行	农村商业银行	商业银行
2014	236.52	232.06	13.81	13.18
2015	189.63	181.18	13.34	13.45
2016	199.10	176.40	13.48	13.28
2017	164.31	181.42	13.30	13.65

资料来源：根据国泰安数据库，Wind数据库整理。

3.2.3　盈利能力情况

从盈利能力来看，根据图3-5所示，虽然近几年来我国农村商业银行的税后利润增速有所放缓，但是在总量上我国农村商业银行的税后利润呈逐年增长的趋势。具体来看，截至2017年年底我国农村商业银行的税后利润达到2028.98亿元，较2007年的42.8亿元增长了47.41倍。根据中国人民银行相关统计数据，2018年第三季度我国农村商业银行的资产利润率为0.98%，略高于同期股份制商业银行的0.93%和城市商业银行的0.84%。在净息差方面，农村商业银行净息差处于较高水平。根据银监会公布的最新数据，除民营银行净息差畸高之外，农村商业银行的净息差水平与其他商业银行相比水平最高，历年的统计数据类似。由此可见，我国农村商业银行的盈利能力不断增强，已接近甚至赶超了商业银行的平均水平。但是，也应当看到，当前经济下行压力较大，我国农村商业银行的利润增速有所放缓，而且金融去杠杆背景下农村商业银行的资产质量承压较大，再加上MPA（宏观审慎评估体系）新考核机制的约束，使资本充足率对银行信贷增速构成较大压力，特别是对于正处在资产快速扩展阶段的农村商业银行来说影响愈发突出。

3.2.4　资产质量情况

从资产质量来看，由于历史原因，农村商业银行在设立之初就承接了大量的不良资产，虽然改制之后的农村商业银行严格把控风险，规范信贷流程，科学经营管理，积极催收不良贷款，但是其不良贷款率在我

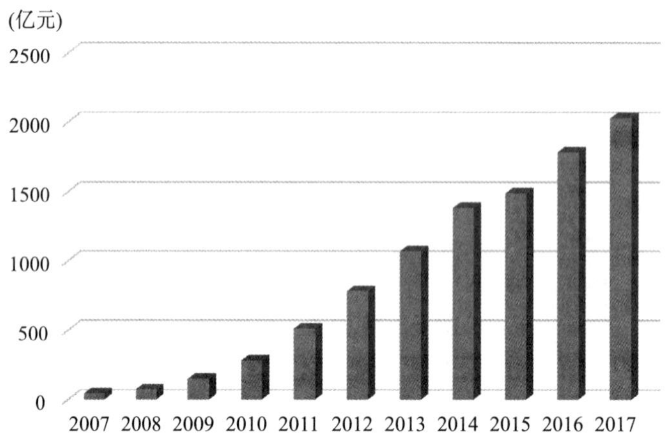

图 3－5　2007—2017 年我国农村商业银行税后利润

资料来源：根据国泰安数据库，Wind 数据库整理。

国各类型商业银行中仍为处于最高水平。由图 3－6 可知，整体来看，从 2008 年到 2017 年我国农村商业银行不良贷款率呈现出 U 形的变化趋势，其中 2008—2011 不良贷款率逐年下降，而 2011 年以后则表现出上升的趋势，到 2016 年年底不良贷款率增加到 3.16%，远远高于商业银行不良贷款率的平均水平 1.74%。农村商业银行不良贷款率较高既有历史原因，也有主要客群的企业资质问题，农村商业银行自身的风控能力不足仍然是最主要的原因，风险控制体系存在较大的提升空间，农村商业银行所面临的最大考验是如何有效提升资产质量管控水平。

3.3　我国农村商业银行投入、产出分析

根据第 2 章的理论分析，我国农村商业银行经营系统可以分为资金筹集、资金运营、服务应用三个子系统，本节将在上文对农村商业银行总体经营状况分析的基础上，以我国 45 家农村商业银行为例，分别从三个子系统的视角，对农村商业银行的投入产出情况进行描述性统计分析。

选择样本农村商业银行时主要考虑以下两方面因素：第一，农村商业银行处于同样的宏观环境下，且经营业务和服务产品基本类似，具有可比性。第二，考虑数据的可得性，选择 45 家信息披露完整且具有代表

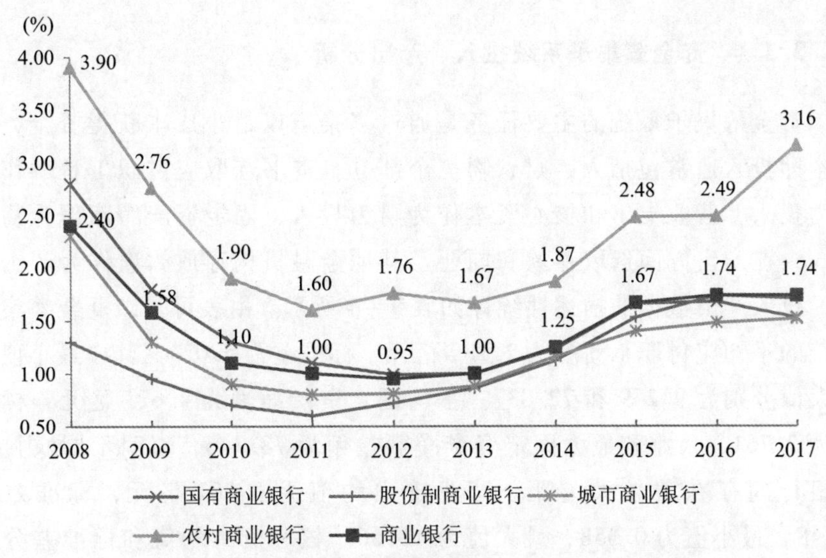

图 3-6 2008—2017 年我国各类型商业银行不良贷款率

资料来源：根据国泰安数据库，Wind 数据库整理。

性的农村商业银行作为样本银行，如表 3-3 所示。

表 3-3 样本农村商业银行

东部	上海农村商业银行	佛山农村商业银行	江苏吴江农村商业银行
	宁波鄞州农村商业银行	江苏江阴农村商业银行	广东南海农村商业银行
	天津农村商业银行	江苏海安农村商业银行	广州农村商业银行
	北京农村商业银行	浙江温岭农村商业银行	广东顺德农村商业银行
	杭州联合农村商业银行	浙江义乌农村商业银行	厦门农村商业银行
	浙江德清农村商业银行	大连农村商业银行	中山农村商业银行
	江苏姜堰农村商业银行	江苏常熟农村商业银行	江苏启东农村商业银行
	江苏江都农村商业银行	江苏江南农村商业银行	宁波慈溪农村商业银行
	江苏张家港农村商业银行	江苏紫金农村商业银行	广东高明农村商业银行
	无锡农村商业银行	江门新会农村商业银行	珠海农村商业银行
	浙江萧山农村商业银行		
中部	武汉农村商业银行	安徽桐城农村商业银行	安徽肥西农村商业银行
	安徽舒城农村商业银行	鄂尔多斯农村商业银行	安徽青阳农村商业银行
	合肥科技农村商业银行	安庆农村商业银行	安徽岳西农村商业银行
	池州九华农村商业银行		
西部	重庆农村商业银行	青海西宁农村商业银行	成都农村商业银行
	宁夏黄河农村商业银行		

3.3.1 资金筹集子系统投入、产出分析

资金筹集子系统的主要任务是通过多渠道以最小成本获得资金，而成本即投入通常包括人、财、物三个部分。本书选取应付职工薪酬作为人力投入，营业支出和核心资本作为财力投入，固定资产净额作为物力投入，在产出方面选取存款和同业及其他金融机构存放款项作为产出指标，投入产出数据的描述性统计如表 3－4 所示。由表可知，资金筹集子系统的平均应付职工薪酬为 2.189 亿元，标准差为 5.024，其中最小值和最大值分别为 9.259 和 72.037。平均固定资产净额为 4.621 亿元，标准差为 7.761，最小和最大固定资产净额差额为 78.346，表明不同农村商业银行间存在着较大差距。营业支出均值为 0.001 亿元，标准差为 0.148，最小值为 0.358，最大值为 1.766。核心资本均值和标准差分别为 29.639 和 40.259，其最小值和最大值相差 390.653 亿元，这突出了样本农村商业银行差距程度较大的资金实力。在产出指标方面，平均吸收存款 0.087 万亿元，其中最小额为 0.003 万亿元，最大额为 0.554 万亿元，而同业及其他金融机构存放款项平均达到 82.114 亿元，标准差高达 160.302，表明各银行在这一指标上差别较大。

表 3－4　资金筹集子系统样本投入产出数据描述性统计

	投入指标				产出指标	
	资金筹集子系统应付职工薪酬（亿元）	资金筹集子系统固定资产净额（亿元）	营业支出（亿元）	核心资本（亿元）	吸收存款（万亿元）	同业及其他金融机构存放款项（亿元）
平均数	2.189	4.621	0.001	29.639	0.087	82.114
标准差	5.024	7.761	0.148	40.259	0.119	169.302
最小值	9.259	11.056	0.358	59.108	0.003	0.004
最大值	72.037	89.402	1.766	449.762	0.554	1042.825

资料来源：根据国泰安数据库，Wind 数据库整理。

为进一步明确样本农村商业银行在资金筹集子系统中的投入产出情况，就投入产出各指标的均值作 2012—2017 年的发展走势图，如图 3－7 所示，本书所选取的样本农村商业银行各投入指标总体呈现出增长趋势，

具体表现为与 2012 年相比，2017 年的应付职工薪酬涨幅 78.25%，固定资产净额涨幅 39.03%，营业支出涨幅 70.39%，核心资本涨幅 85.71.%。在产出方面，吸收存款指标总体表现出增长趋势，但 2017 年涨幅有所下降，而同业及其他金融机构款存放款项指标涨幅最大，高达 109.72%。从资金筹集子系统投入产出指标的发展趋势来看，样本农村商业银行取得了较快发展，经营规模持续扩大，实力不断增强，这与我国农村商业银行的整体发展情况相吻合，因而从侧面可以进一步表现出样本农村商业银行的代表性。

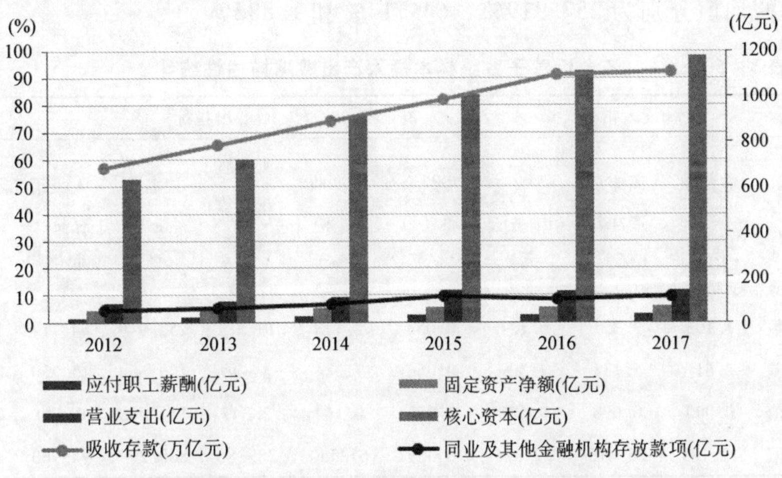

图 3-7　2012—2017 年资金筹集子系统投入产出数据走势图

资料来源：根据国泰安数据库，Wind 数据库整理。

3.3.2　资金运营子系统投入、产出分析

农村商业银行资金运营子系统主要是在保证盈利性和安全性的条件下将可用资金通过贷款等形式加以运用。因此，本书对资本运营系统的投入产出选择表 3-5 中所列的指标。此外，投入指标还包括存款和同业及其他金融机构存放款项两个中间变量，出于避免重复性描述的考虑，表 3-5 中并未列出。表中同时报告了样本投入产出数据的描述性统计。由表 3-5 可知，资金运营子系统的平均应付职工薪酬为 1.193 亿元，标准差为 2.611，最大值为 17.195 亿元，最小值实际应为 1.71 万元，其中

较小的标准差表明资金运营子系统样本农村商业银行的应付职工薪酬总体差距较小。固定资产净额和营业支出均值分别为 3.321 亿元和 6.121 亿元，标准差分别为 5.131 和 7.309，最小值分别为 0.098 亿元和 0.236 亿元，最大值分别为 26.615 和 39.076。在产出指标方面，贷款余额平均值为 0.053 万亿元，标准差较小为 0.066，最小和最大贷款余额分别为 0.002 万亿元和 0.339 万亿元。在盈利性产出指标中，资产收益率和所有者权益收益率均值分别为 2.178% 和 13.581%，标准差分别为 7.384 和 4.440。在盈利性产出指标方面，拨备覆盖率、人民币存贷比例和不良贷款率的均值分别为 257.919%，64.714% 和 1.882%。

表 3－5　　资金运营子系统样本投入产出数据描述性统计

	投入指标			产出指标					
	应付职工薪酬（亿元）	固定资产净额（亿元）	营业支出（亿元）	贷款余额（万亿）	资产收益率（%）	所有者权益收益率（%）	拨备覆盖率（%）	人民币存贷比例（%）	不良贷款率（%）
平均数	1.193	3.321	6.121	0.053	2.178	13.581	257.919	64.714	1.882
标准差	2.611	5.131	7.309	0.066	7.384	4.440	109.684	15.220	0.841
最小值	0.000	0.098	0.236	0.002	0.164	2.347	114.080	0.510	0.410
最大值	17.185	26.615	39.076	0.339	65.550	28.386	800.290	94.960	4.980

资料来源：根据国泰安数据库，Wind 数据库整理。

同样地，为深入分析样本农村商业银行在资金运营子系统的投入产出数据，就各指标的均值作发展走势图，图 3－8 和图 3－9 分别为 2012—2017 年资金运营子系统的部分投入和产出数据走势图。根据图 3－8 所示，样本农村商业银行在资金运营子系统的投入数据总体也呈现出增长的趋势，具体来看，运营系统的应付职工薪酬、固定资产净额和营业支出涨幅分别为 67.78%、33.59% 和 71.66%。其中，应付职工薪酬的增加说明样本农村商业银行人力投入的增加，固定资产净额的增长表明其资产规模不断扩大，而营业支出的增长则表明其提供的金融服务更加多元、经营范围更加广泛，这是适应我国经济社会持续较快发展和农村经济不断发展的体现。

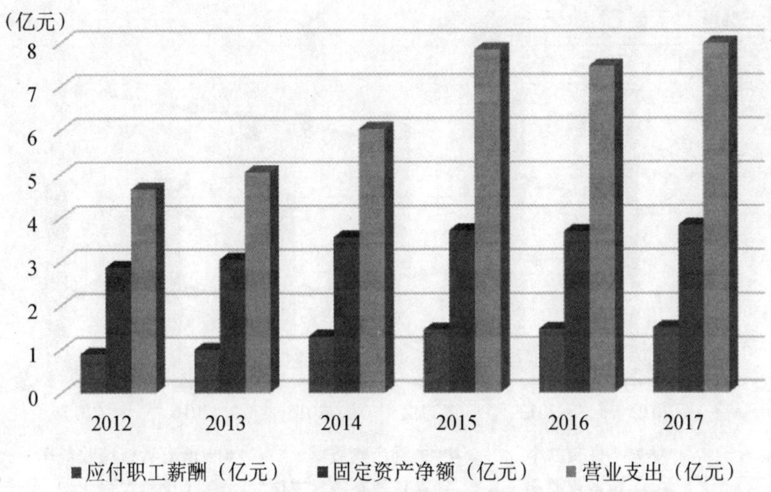

图 3-8 2012—2017 年资金运营子系统投入数据走势图

资料来源：根据国泰安数据库，Wind 数据库整理。

根据图 3-9 所示，样本农村商业银行各产出指标的发展趋势各不相同。其中，贷款余额指标表现出逐年增长的趋势，涨幅达到 70.15%。这表明随着经济的发展农村经济对资金的需求持续增加，为适应这一现实情况农村商业银行为农村提供的资金也随之不断增加。资产收益率和所有者权益收益率指标略有下降，但总体仍保持在一定的区间水平上，这主要是由农村商业银行以服务“三农”为宗旨的特殊性所决定的。在安全性指标方面，不良贷款率指标略有增加，拨备覆盖率指标略有下降，人民币存贷比例基本保持稳定。究其原因，主要是由于农业的弱质性和农户较差的偿债能力等。

3.3.3 服务应用子系统投入、产出分析

不同于一般的商业银行，农村商业银行以服务“三农”为宗旨，以支持地方经济发展为重要任务，并担负着经济、社会和环境等方面的社会责任。本书以此为出发点，提出了农村商业银行的服务应用子系统，并有选择地以资金运营子系统的产出为本系统的投入，从农业农村经济发展、农村社会发展、农村居民生活和农村生态环境四个方面考虑选择产出，如表 3-6 所示。考虑到本系统的投入已在上文进行报告，下表仅

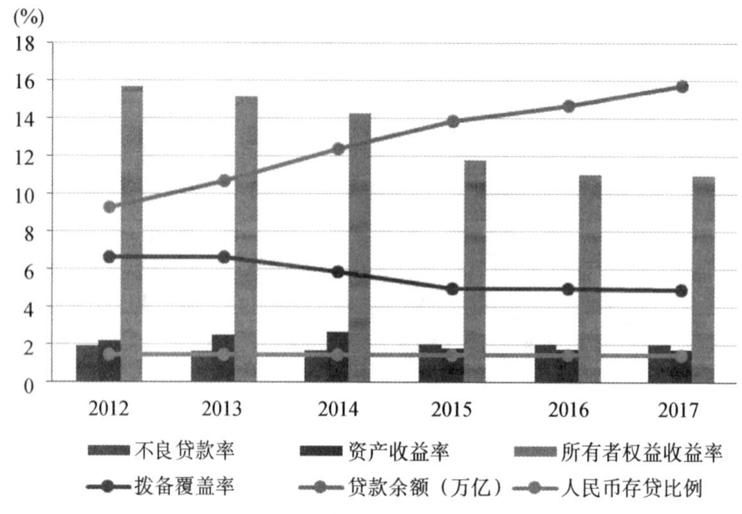

图 3－9　2012—2017 年资金运营子系统产出数据走势图

资料来源：根据国泰安数据库，Wind 数据库整理。

对产出数据进行了描述性统计。由表 3－6 可知，农业农村经济发展指标中的农林牧渔增加值和农户固定资产投资总额均值分别为 0. 016 万亿元和 24. 277 亿元，标准差分别为 0. 025 万亿元和 35. 315 亿元，较大的标准差表明各地农户固定资产投资存在较大的差别。农村社会发展指标中的农村最低生活保障支出和养老院单位数均值分别为 1. 894 万元和 0. 075 千个，且两个指标在各地的差异较小，主要表现为标准差较小。在农村居民生活方面，纯收入和消费性支出均值分别为 0. 177 万元和 0. 134 万元，标准差分别为 0. 408 万元和 0. 296 万元。在农村生态环境方面的成灾率指标均值为 0. 063，标准差为 0. 136，最小和最大值分别是 0. 002 和 0. 753，表明各地在这一指标上的表现差异较小。

图 3－10 为 2012—2017 年农村商业银行服务应用子系统产出数据走势图，考虑到这一阶段的投入指标数据在上文已经进行深入分析，这里不再重复。在农业农村经济发展指标中，农林牧渔增加值表现出逐年增长的趋势，增长幅度达到 32. 93%，而农户固定资产投资总额在 2015 年之前有所下降，但 2015 年之后表现出增长的态势，这在一定程度上表明样本农村商业银行发挥了服务农业经济发展的作用。在农村社会发展指

表 3-6 服务应用子系统样本投入产出数据描述性统计

产出指标	经济发展		社会发展		居民生活		生态环境
产出定义	农林牧渔增加值（万亿元）	农户固定资产投资总额（亿元）	农村最低生活保障支出（万元）	养老院单位数（千个）	纯收入（万元）	消费性支出（万元）	成灾率
平均数	0.016	24.277	1.894	0.075	0.177	0.134	0.063
标准差	0.025	35.513	3.273	0.135	0.408	0.296	0.136
最小值	0.001	2.720	0.014	0.002	0.004	0.003	0.002
最大值	0.125	187.671	19.200	1.067	2.552	1.707	0.753

资料来源：根据国泰安数据库，Wind 数据库整理。

标方面，农村最低生活保障支出和养老院单位数整体均表现出增长的趋势，表明农村基础设施和公共服务稳步提升。在农村居民生活方面，纯收入和消费性支指标都呈增长趋势，但消费性支出的增长幅度大于收入的增长幅度，这说明了随着农村经济的发展，农民消费理念正发生着较大的转变。在农村生态环境方面，成灾率近年来有所增加。通过对这些投入产出指标的分析，有利于厘清样本农村商业银行的发展情况，了解其发展趋势，进而为其效率测度奠定基础。

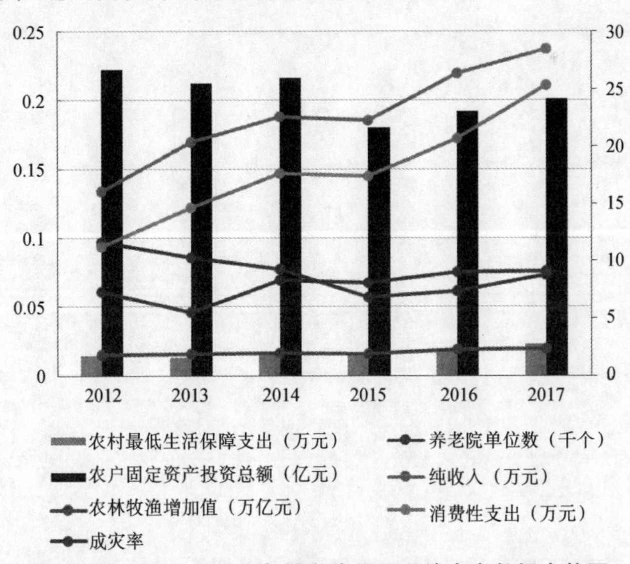

图 3-10 2012—2017 年服务应用子系统产出数据走势图

资料来源：根据国泰安数据库，Wind 数据库整理。

3.4 本章小结

本章主要对我国农村商业银行发展状况和投入产出状况进行了分析。首先，介绍了农村商业银行的历史演变。其次，从公司治理、经营管理、盈利能力和资产质量四个方面深入分析了现阶段我国农村商业银行的经营现状。最后，以本书选取的45家农村商业银行样本为例，分析了我国农村商业银行投入、产出。

4 我国农村商业银行经营效率评价模型构建

为了客观反映农村商业银行效率，构建科学合理的农村商业银行经营效率评价指标体系是有效评估农村商业银行效率的重要手段。本章将在农村商业银行经营效率理论框架以及农村商业银行投入产出分析的基础上，借鉴已有研究成果，从人力、物力、财力等投入角度，以及负债、资产、利润、经济发展、社会发展、居民生活、生态环境等产出角度，构建科学合理的农村商业银行经营效率评价指标体系，并根据已建立的农村商业银行经营效率评价体系选择合适的评价方法。

4.1 评价指标体系构建

4.1.1 指标体系构建的基本原则

通过了解指标体系构建的基本原则，为构建农村商业银行经营效率指标体系提供了指导。

1. 科学性原则。理论与实践相结合和采用科学方法等是科学性原则的主要体现。有理论依据是评价指标体系进行设计的首要条件，评价指标必须能够科学合理地描述研究对象的基本概念和逻辑结构。同时，评价指标的名称、含义和计算方法等必须科学明确，原始数据收集与统计也要避免出现较大误差。

2. 通用可比原则。评价指标必须具有通用可比性，并确保资料信息准确。通用可比性指的是同一时期不同对象要横向可比，本书指农村商业银行的比较以及东部、中部、西部地区间的比较；优势不同时期同一研究对象的纵向比较，本书指样本农村商业银行整体在不同时期之间的比较。评价指标体系具有通用可比性的条件是指标体系保持稳定，用以计算各指标相对值的各个参照值应保持不变。

3. 系统优化原则。评价对象必须用若干指标进行衡量，在农村商业银行效率评价指标体系中，资金筹集子系统投入包括人力、物力、资本投入3个分指标与5个具体指标，产出包括两个存款指标。资金运营子系统投入同样包括人力、物力、资本三方面投入，同时资金筹集子系统的产出也是资金运营子系统投入的一部分，资金运营子系统的产出包括盈利情况和风险情况2个分指标和6个具体指标。服务应用子系统以资金运营子系统的产出作为投入，产出包括3个分指标和7个具体指标。各指标是相互联系和相互制约的。

4. 可操作性原则。评价指标数据必须容易获取且计算方法简便。一方面，农村商业银行效率评价指标数据易于采集，有可靠的信息来源渠道，以免耗费大量财力和人力；另一方面，计算方法简便实用，对于定量指标可以直接量化得到结果，对于定性指标需明确他们进行评价的方法，确保数据的准确性和可靠性。

4.1.2 指标体系具体选择

1. 子系统一：资金筹集子系统。

(1) 投入指标。在资金筹集子系统，农村商业银行的主要业务就是负债业务。也就是通过各种渠道，期望以最少的成本获得可用资金。本书从人力、物力、财力三个方面考虑农村商业银行资金筹集子系统的投入。人力方面，选择劳动力和劳动力工资作为投入指标。劳动力是最重要的投入要素之一，但过多的劳动力会导致成本增加，从而降低效率。劳动力工资越高，越能吸引高效率的劳动力，也能够对劳动力更好地工作起到激励作用。物力方面，选取固定资产净值作为投入指标。近年来，农村商业银行致力于从两个方面提高自身竞争力，一是为了吸引存款、扩大规模，大规模增加网点和分支机构；二是不断购买先进设备，改进硬件设施，这在提高服务效率的同时，也增加了运营成本，可能导致规模过大问题。财力方面，本书采用营业支出和核心资本两个指标作为投入指标。

已有研究多将人员、固定资产、营业支出等投入全部作为资金筹集子系统的投入，这显然存在问题。资金筹集和资金运营两个系统是在同一时期进行的，即农村商业银行的人、物、财被两个阶段共同应用。本书为使研究与实际情况更贴合，将应付职工薪酬、员工人数、营业支出和固定资产四个指标以存贷比为核心在资金筹集和资金运营两个阶段进行分配。

综上，资金筹集阶段初步选取的投入指标为：应付职工薪酬 X1、固定资产净值 X2、营业支出 X3、核心资本 X4、员工总数 X8。

（2）产出指标。存款和同业及其他金融机构存放款项是我国农村商业银行资金筹集子系统最大的资金来源。存款与一定的流动性、保管业务、提供给储户支付服务都息息相关，具有重要的产出特征。近年来，我国居民储蓄存款始终居高不下，即使国家不断通过降低利息促进投资、促进消费，但存款数额还是只升不降，这些存款既为农村商业银行提供了充足的贷款资金保障，也给农村商业银行造成巨大的利息成本压力。因此，资金筹集子系统选取的产出指标为：存款 Z1、同业和其他金融机构存放款项 Z2。

2. 子系统二：资金运营子系统。

（1）投入指标。在资金运营子系统，农村商业银行将资金筹集子系统得到的储蓄转化为投资。农村商业银行作为金融中介将人力、资本等生产要素加以利用，把吸收的分散资金转变为贷款或投资。投入一方面包括按存贷比划分的劳动力、资产所构成的生产成本，另一方面是吸收的存款。

综上，资金运营子系统初步选取的投入指标为：应付职工薪酬 X5、固定资产净值 X6、营业支出 X7、职工总数 X9 以及中间变量存款 Z1 和同业及其他金融机构存放款项 Z2。

（2）产出指标。资金运营子系统的系统目标是在控制风险的前提下最大化利润。因此，本书从盈利性和安全性目标出发，考虑资金运营子系统产出指标。资金筹集子系统的产出即筹集到的资金，主要投向贷款 Z6，因此将贷款总额作为资金运营子系统产出指标。以资产收益率 Z3、所有者权益收益率 Z4 衡量农村商业银行的盈利性。人民币存贷比例 Z7、不良贷款率 Z8、拨备覆盖率 Z5 考察农村商业银行风险情况即安全性。

3. 子系统三：服务应用子系统。

（1）投入指标。农村商业银行服务应用的目标主要是服务“三农”发展。即在合理配置农村商业银行已有资源的基础上，尽最大努力推动农村经济资源的流动，促进农村经济、民生各方面的发展。因此，服务应用子系统以资金运营子系统产出为投入。需要特别说明的是，由于资金运营子系统不良贷款率为非期望产出，因此不包括在服务应用子系统投入指标内。综上，服务应用子系统投入指标为资产收益率 Z3、所有者权益收益率 Z4、拨备覆盖率 Z5、贷款 Z6、人民币存贷比例 Z7。

（2）产出指标。农村商业银行肩负的社会责任，要求农村商业银行在充分发挥金融优势，通过积极践行经济、社会和环境等方面的社会责任，最大限度地创造经济、社会和环境的综合价值。发挥“三农”社区服务优势，践行普惠金融责任，最大限度增进农村商业银行对“三农”发展的积极影响。因此，本书从农业农村经济发展、农村社会发展、农村居民生活以及农村生态环境四个方面衡量农村商业银行服务应用子系统产出水平。农业农村经济发展方面采用第一产业增加值和农户固定资产投资总额两个指标。农村社会发展方面选取农村最低生活保障支出和养老院个数两个指标。农村居民生活方面选取农村居民人均纯收入和人均消费性支出两个指标。农村生态环境方面选取成灾率一个指标。

综上，服务应用子系统产出指标为农林牧渔增加值 Y1、成灾率 Y2、农村最低生活保障支出 Y3、养老院单位数 Y4、农村居民人均纯收入 Y5、农村居民人均消费性支出 Y6、农户固定资产投资总额 Y7，具体如表 4－1 所示。

表 4－1　　农村商业银行经营效率评价指标体系构成

资金筹集子系统	指标	
投入变量	人力	资金筹集子系统全部职工数
		资金筹集子系统应付职工薪酬
	物力	资金筹集子系统固定资产净值
	财力	资金筹集子系统营业支出
		核心资本
产出变量		吸收存款
		同业及其他金融机构存放款项

续表

资金运营子系统	指标	
投入变量	人力	资金运营子系统全部职工数
		资金运营子系统应付职工薪酬
	物力	资金运营子系统固定资产净值
		资金运营子系统营业支出
		吸收存款
		同业及其他金融机构存放款项
产出变量	盈利性	贷款余额
		资产收益率
		所有者权益收益率
	安全性	拨备覆盖率
		人民币存贷比例
		不良贷款率
服务应用子系统	**指标**	
投入变量	盈利性	贷款余额
		资产收益率
		所有者权益收益率
	安全性	拨备覆盖率
		人民币存贷比例
产出变量	农业农村经济发展	第一产业增加值
		农户固定资产投资总额
	农村社会发展	农村最低生活保障支出
		养老院个数
	农村居民生活	农村居民人均纯收入
		农村居民人均消费性支出
	农村生态环境	成灾率

4.2 农村商业银行经营效率评价模型的建立

4.2.1 评价方法的选择

数据包络分析法（DEA）最早是由运筹学家 Charnes 等（1978）[148] 提出，在文中其发现数据包络分析（DEA）可以通过运用数学规划的方式来对决策单元之间的相对效率进行比较。它利用DMU的投入产出数据构造经验生产前沿面，并根据DMU的投入产出数据到构造出的生产前沿面的距离度量DMU的效率。自此之后，由于数据包络分析（DEA）特有的性质，即其不需要对生产函数的具体形式进行设定，与此同时还能将不同决策单元之间存在的多投入多产出问题同步解决，因而数据包络分析（DEA）在对于商业银行效率的实证研究中得以广泛应用。农村商业银行具有支持“三农”的特殊目标和政策导向，这种特殊性很难用事先构造的恰当的生产函数模型来描述，通过模型确定权重是DEA方法的明显优势，主观设定权重的不准确性也能够被避免，同时，通过DEA法能够将模型中的决策单元所涉及的各项投入及产出的相对效率计算出来，而且农村商业银行是一个多投入多产出的复杂系统，更适合运用数据包络分析方法（DEA）测算其相对有效性。

将“投入—产出”系统作为一个黑箱是传统DEA的研究方法，分析最初的投入、最终产出之间的转化效率。也就是说，传统DEA方法主要是计算农村商业银行经营系统投入产出两端环节，即初始投入和最终产出，而无法有效测算中间环节的运行状况。在对商业银行效率进行分析的现有研究中，学者通常将银行运营作为一个整体对其效率进行测度和分析，也就是黑箱评价。黑箱评价只根据最初的输入数据和最终的输出数据对DMU效率值进行度量，具有简单方便的特点。但也正因如此，黑箱评价忽略了中间过程及过程间的关联关系，忽略了DMU的内部运行机制，丢掉了许多有用信息。实际上，农村商业银行在吸收存款、发放贷款等业务时，显示出明显的多系统生产单位特征，用统一的黑箱评价度量其效率，忽略了农村商业银行经营过程的这一结构特征。

Fare和Crosskopf（1996）[149]最早使用了多阶段生产系统效率值度量方法，提出了网络DEA的概念。通过研究发现网络DEA的实质是通过决策单元所生产的系统黑箱的打开，对内部生产结构进行系统性分析，从而对决策单元的黑箱进行灰化处理，在考虑到决策单元内部生产结构的区别，对决策单元的生产运营过程进行划分，将其分割成不同的业务子过程，进而测度决策单元生产系统以及子阶段生产系统的效率，而两阶段网络DEA模型则是网络DEA模型的最基本形式。显然，根据第2章的理论分析以及现实业务经营情况，农村商业银行具有明显的系统特征，打开黑箱能对商业银行的各个子系统进行分析，有利于更加科学地评价农村商业银行效率水平。在这种情况下，传统 DEA 方法无法直接评价农村商业银行的多种效率，进而科学地给出总效率。网络 DEA 模型对简单的 DEA 黑箱结构进行拓展，深入分析系统内部的运行结构，在考虑决策单元内部子系统运作过程的前提下来考虑决策单元的相对有效性，能够根据农村商业银行运营过程，结合经营原则，科学地选取指标，实现农村商业银行多系统效率评价，更好地分析农村商业银行经营的各环节。

单纯运用 DEA 模型对商业银行效率进行评价是对商业银行效率展开的静态分析，为了分析商业银行效率随时间的动态变化，瑞典经济学家 Malmquist 在 1953 年在对消费进行分析的过程中，提出了 Malmquist 指数模型，商业银行效率的动态变化能够通过 DEA 模型与 Malmquist 指数模型相结合进行评价[150]。因此，本书采用三阶段串联动态网络 DEA 模型，结合 Malmquist 指数（MI 指数），对我国农村商业银行经营效率动态变化进行分析。

为探究各省农村商业银行间整体效率的空间相互联系，根据 Tobler（1970）年提出的“地理学第一定律”，即“所有事物都与其他事物相关联，但较近的事物比较远的事物更关联”。本书采用探索性空间数据分析（ESDA）方法，分析各农村商业银行间的空间依赖性。

4.2.2　三阶段串联动态网络 DEA 模型的建立

农村商业银行经营效率是农村商业银行在保证其盈利性、流动性和安全性的基础上，能够合理高效地配置资源并能最大限度地推动社会经济资源的流动。农村商业银行通过吸收存款或主动负债获得资金，进一步利用获得的资金发放贷款或进行投资，最后通过为社会提供服务，推动社会经济资源的流动，其经营过程是典型的三阶段链形系统。农村商业银行有其作为普通银行的一面，即追求自身利益最大化，也有服务农村经济的重要功能。基于此，农村商业银行经营效率评价的三阶段串联动态网络 DEA 模型如图 4－1 所示。

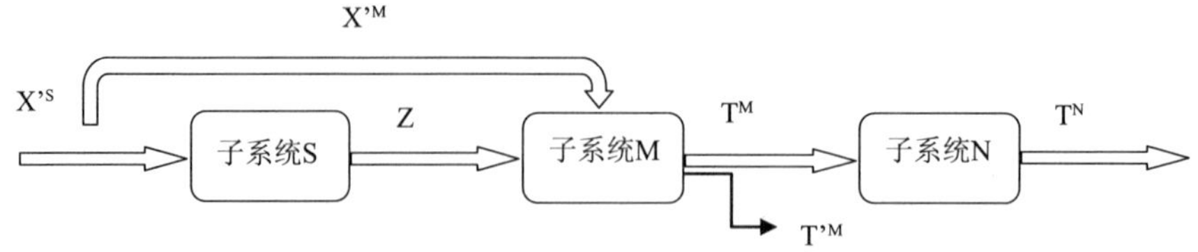

图 4-1 农村商业银行经营效率评价三阶段串联动态网络 DEA 模型

图 4-1 中，农村商业银行在资金筹集子系统（子系统 S）投入人、财、物，体现为 X'^{S}。产出为存款及同业和其他金融机构存放款项，体现为 Z，Z 既是资金筹集子系统的产出又是资金运营子系统（子系统 M）的投入。资金运营子系统的投入还包括人、财、物等 X'^{M}。因此，资金运营子系统的投入为 Z 和 X'^{M}。资金运营子系统的产出包括两部分，分别为期望产出 T^{M} 和非期望产出 T'^{M}。服务应用子系统的投入即为资金运营子系统的期望产出 T^{M}，产出包括经济发展、社会发展、居民生活、生态环境四个维度 Y^{N}。这里 X'^{S}、X'^{M}、Z、T^{M}、T'^{M}、Y^{N} 均是向量。

首先，根据 CCR 模型，可以通过求解模型（4-1）、（4-2）、（4-3）以及（4-4）分别测算出第 k 家农村商业银行资金筹集子系统、资金运营子系统、服务应用子系统以及农村商业银行系统的技术效率值。

$$\max \frac{\sum_{p=1}^{d} w_p^1 Z_{pk}}{\sum_{i=1}^{m} v_i X_{ik}}$$

$$\text{s.t.} \begin{cases} \dfrac{\sum_{p=1}^{d} w_p^1 Z_{pj}}{\sum_{i=1}^{m} v_i X_{ij}} \leqslant 1 \quad j = 1,2,\cdots,n \\ w_p^1, v_i \geqslant 0 \quad p = 1,2,\cdots,d; i = 1,2,\cdots,m \end{cases} \tag{4-1}$$

$$\max \frac{\sum_{q=1}^{t} \delta_q^1 T_{qk}^1}{\sum_{p=1}^{d} w_p^2 Z_{pk}}$$

$$s.t. \begin{cases} \dfrac{\sum_{q=1}^{t} \delta_q^1 T_{qj}^1}{\sum_{p=1}^{d} w_p^2 Z_{pj}} \leqslant 1 \ j = 1,2,\cdots,n \\ w_p^2, \delta_q^1 \geqslant 0 \ p = 1,2,\cdots,d; q = 1,2,\cdots,t \end{cases} \tag{4-2}$$

$$\max \frac{\sum_{r=1}^{s} u_r Y_{rk}}{\sum_{q=1}^{t} \delta_q^2 T_{qk}^2}$$

$$s.t. \begin{cases} \dfrac{\sum_{r=1}^{s} u_r Y_{rj}}{\sum_{q=1}^{t} \delta_q^2 T_{qk}^2} \leqslant 1 \ j = 1,2,\cdots,n \\ u_r, \delta_q^2 \geqslant 0 \ r = 1,2,\cdots,s; q = 1,2,\cdots,t \end{cases} \tag{4-3}$$

$$\max \frac{\sum_{r=1}^{s} u_r Y_{rk}}{\sum_{i=1}^{m} v_i X_{ij}} \leqslant 1 \ j = 1,2,\cdots,n$$

$$s.t. \begin{cases} \dfrac{\sum_{r=1}^{s} u_r Y_{rj}}{\sum_{i=1}^{M} V_i X_{ij}} \leqslant 1 \ j = 1,2,\cdots,n \\ u_r, v_i \geqslant 0 \ r = 1,2,\cdots,d; i = 1,2,\cdots,t \end{cases} \tag{4-4}$$

其次，显然单独应用模型（4-1）、（4-2）、（4-3）以及（4-4）计算农村商业银行各个子系统和整体技术效率，并不能正确有效地对中间变量进行建模。针对这个问题，一种可行的解决办法就是从整体的角度来考察各个子系统的效率评价。

因此，这里我们采用 Kao 和 Hwang（2008）刻画子系统之间相关关系的做法。令 $w_p^1 = w_p^2 = w_p$（$p = 1, 2, \cdots, d$）且 $\delta_q^1 = \delta_q^2 = \delta_q$（$q = 1, 2, \cdots, t$）。那么对于 DMU_k 来说，子系统 1 对应的组合投入为 $\sum v_i X_{ik}(i = 1,2,\cdots,m)$，对应的组合产出为 $\sum w_p Z_{pk}$；子系统 2 对应的组合投入为 $\sum w_p Z_{pk}$，对应的组合产出为 $\sum \delta_q T_{qk}^1$；子系统 3 对应的组合投入为 $\sum \delta_q T_{qk}^2$，对应的组合产出为 $\sum u_r Y_{rk}(r = 1,2,\cdots,s)$。考虑到中间变量既作为产出又作为投入的双重特性，综合各个子系统的组合投入和组合产出，并遵循 Charnes 等人（1978）提出的基于数学规划最优化思想构建 DEA 比率模型的原理，定义第 k 家商业银行的整体技术效率，记为 E_k：

$$E_k = \frac{\sum_{p=1}^{d} w_p Z_{pk} + \sum_{q=1}^{t} \delta_q T_{qk}^1 + \sum_{r=1}^{s} u_r Y_{rk}}{\sum_{i=1}^{m} v_i X_{ik} + \sum_{p=1}^{d} w_p Z_{pk} + \sum_{q=1}^{t} \delta_q T_{qk}^2} \tag{4-5}$$

与忽略内部经营过程的传统 CCR（$w_p = \delta_p = 0$）模型构建相比，（4-5）式具有以下优点：第一，充分考虑了中间变量在生产过程中分别作为相邻生产系统产出指标和投入指标的双重身份；第二，满足系统技术效率值是各个子系统技术效率值的凸线性组合，使所获得的整体技术效率值和子系统技术效率值大小之间满足系统性的逻辑关系。

再次，基于上述条件，本书构建模型（4-6）来测算 DMU_k（第 k 家农村商业银行）的整体技术效率值，进而求解得到各个子系统的技术效率值。

其中模型（4-6）中的第一个约束条件是 DMU_k 本身作为一整个系统所需满足的前沿条件，第二到第四个约束条件则分别是子系统 1，2，3 所需满足的前沿条件，并且模型中相同要素的权重均相同，特别是连接前后两个子系统的中间变量 Z_{pk} 和 T_{qk}^1 与 T_{qk}^2 具有相同的权重，分别体现了子系统 1 和子系统 2、子系统 2 和子系统 3 之间的关联关系，而且从经济学角度来看，若将权重视为要素的影子价格，则同种要素的权重相同也具有合理性。

最后，通过对模型（4-6）分析，我们很容易发现第一个约束条件可以由第二至第四个约束条件推导出来，故第一个约束条件是多余的，因此，模型（4-6）可以进一步化简，得到模型（4-7）：

$$\max E_k = \frac{\sum_{p=1}^{d} w_p Z_{pk} + \sum_{q=1}^{t} \delta_q T_{qk}^1 + \sum_{r=1}^{s} u_r Y_{rk}}{\sum_{i=1}^{m} v_i X_{ik} + \sum_{p=1}^{d} w_p Z_{pk} + \sum_{q=1}^{t} \delta_q T_{qk}^2}$$

$$s.t.\begin{cases} \dfrac{\sum_{p=1}^{d} w_p Z_{pj} + \sum_{q=1}^{t} \delta_q T_{qj}^1 + \sum_{r=1}^{s} u_r Y_{rj}}{\sum_{i=1}^{m} v_i X_{ij} + \sum_{p=1}^{d} w_p Z_{pj} + \sum_{q=1}^{t} \delta_q T_{qj}^2} \leqslant 1 \\ \dfrac{\sum_{p=1}^{d} w_p Z_{pj}}{\sum_{i=1}^{m} v_i X_{ij}} \leqslant 1 \\ \dfrac{\sum_{q=1}^{t} \delta_q T_{qj}^1}{\sum_{p=1}^{d} w_p Z_{pj}} \leqslant 1 \\ \dfrac{\sum_{r=1}^{s} u_r Y_{rj}}{\sum_{q=1}^{t} \delta_q T_{qj}^2} \leqslant 1 \\ j = 1,2,\cdots,n; i = 1,2,\cdots,m; p = 1,2,\cdots,d \\ q = 1,2,\cdots,t; r = 1,2,\cdots,s \end{cases} \tag{4-6}$$

$$\max E_k = \frac{\sum_{p=1}^{d} w_p Z_{pk} + \sum_{q=1}^{t} \delta_q T_{qk}^1 + \sum_{r=1}^{s} u_r Y_{rk}}{\sum_{i=1}^{m} v_i X_{ik} + \sum_{p=1}^{d} w_p Z_{pk} + \sum_{q=1}^{t} \delta_q T_{qk}^2}$$

$$\text{s. t.}\begin{cases}\sum_{p=1}^{d} w_p Z_{pj} - \sum_{i=1}^{m} v_i X_{ij} \leqslant 0\\ \sum_{q=1}^{t} \delta_q T_{qj}^1 - \sum_{p=1}^{d} w_p Z_{pj} \leqslant 0\\ \sum_{r=1}^{s} u_r Y_{rj} - \sum_{q=1}^{t} \delta_q T_{qj}^2 \leqslant 0\\ j = 1,2,\cdots,n;\\ i = 1,2,\cdots,m; p = 1,2,\cdots,d;\\ q = 1,2,\cdots,t; r = 1,2,\cdots,s\end{cases} \tag{4-7}$$

由于模型（4-7）仍然是非线性规划，为了简化计算，可以借助 Charnes-Cooper 变换，具体做法：令

$$t = \frac{1}{\sum_{i=1}^{m} v_i X_{ik} + \sum_{p=1}^{d} w_p Z_{pk} + \sum_{q=1}^{t} \delta_q T_{qk}^2}$$

则 $V_i = tv_i$，$W_p = tw_p$，$\varphi_q = t\delta_q$，$U_r = tu_r$，那么模型（4-7）可以进一步等价转化为线性规划模型（4-8）：

$$\max E_k = \sum_{p=1} W_p Z_{pk} + \sum_{q=1} \varphi_q T_{qk}^1 + \sum_{r=1} U_r Y_{rk}$$

$$\text{s. t.}\begin{cases}\sum_{p=1}^{d} W_p Z_{pj} - \sum_{i=1}^{m} V_i X_{ij} \leqslant 0\\ \sum_{q=1}^{t} \varphi_q T_{qj}^1 - \sum_{p=1}^{d} W_p Z_{pj} \leqslant 0\\ \sum_{r=1}^{s} U_r Y_{rj} - \sum_{q=1}^{t} \varphi_q T_{qj}^2 \leqslant 0\\ \sum_{i=1}^{m} V_i X_{ik} + \sum_{p=1}^{d} W_p Z_{pK} + \sum_{q=1}^{t} \varphi_q T_{qk}^2 = 1\\ j = 1,2,\cdots,n; i = 1,2,\cdots,m;\\ p = 1,2,\cdots,d; q = 1,2,\cdots,t; r = 1,2,\cdots,s\end{cases} \tag{4-8}$$

通过求解模型（4-8）测算 DMU_k 的整体技术效率值，并获得 V_i，W_p，φ_q，U_r 的最优解组合，进而通过式（4-9）、式（4-10）和式（4-11）可以进一步测算子系统 1、子系统 2 及子系统 3 的技术效率值。

$$E_k^1 = \frac{\sum_{p=1}^{d} W_p Z_{pk}}{\sum_{i=1}^{m} V_i X_{ik}} \tag{4-9}$$

$$E_k^2 = \frac{\sum_{q=1}^{t} \varphi_q T_{qk}^1}{\sum_{p=1}^{d} W_p Z_{pk}} \tag{4-10}$$

$$E_k^3 = \frac{\sum_{r=1}^{s} U_r Y_{rj}}{\sum_{q=1}^{t} \varphi_q T_{qk}^2} \tag{4-11}$$

4.2.3　ESDA 模型的建立

本书采用 ESDA 法进行空间数据分析，使用该方法对我国农村商业银行经营效率的空间布局进行描述，并分析各农村商业银行间经营效率的空间相关性，对我国农村商业银行经营效率的空间聚集程度和空间差异程度进行研究。该方法将图形与统计学方法相结合，能够更清楚直观地将农村商业银行经营效率的空间分布及其相互作用表现出来。该方法具有两个层次的分析。一种通常以 Moran 指数 I（Moran，1950）和 Geary 指数 C（Geary，1954）来衡量的全局相关性分析；另一种以 G 统计量、Moran 散点图和 LISA 图来衡量的局部空间性分析。

空间自相关可用于研究我国农村商业银行经营效率是否存在显著相关性。全局空间自相关主要应用 Global Moran's I 描述农村商业银行经营效率的空间相关性和差异性。

$$I = \frac{\sum_{i=1}^{n} \sum_{j \neq 1}^{n} w_{ij}(x_i - \bar{x})(x_j - \bar{x})}{S^2 \sum_{i=1}^{n} \sum_{j \neq 1}^{n} w_{ij}} \tag{4-12}$$

其中，$S^2 = \frac{1}{n} \sum_{i=1}^{n} (x_i - \bar{x})$，$x_i$ 和 x_j 分别为第 i 个农村商业银行和第 j 个农村商业银行的经营效率值，$\bar{x}$ 为农村商业银行经营效率均值，w_{ij} 为

经济空间权重矩阵，农村商业银行 i 和农村商业银行 j 相邻，权重为 1，否则为 0。

本书引入经济空间权重矩阵，经济空间权重 w_{ij} 表示为

$$W_{ij} = \begin{pmatrix} w_{11} & \cdots & w_{1n} \\ \vdots & & \vdots \\ w_{n1} & \cdots & w_{nn} \end{pmatrix} \tag{4-13}$$

$W_{ij} = W \times E$，其中矩阵 E 的主对角线元素均为 0，非主对角线元素的 (i, j) 元素为 $E_{ij} = \dfrac{1}{|\overline{Y_i} - \overline{Y_j}|}$ $(i \neq j)$，$\overline{Y_i}$ 为农村商业银行 i 所在省份样本期间人均实际 GDP 平均值。

Moran's I 指数值的取值范围为（-1，1)，在一定显著性水平下 Moran's I 指数值越趋于 1，则相邻农村商业银行间经营效率正相关关系越显著，空间聚集程度越大；Moran's I 越趋于 -1，则相邻农村商业银行间经营效率负相关关系越显著，空间差异程度越大。

4.3 本章小结

本章的核心是构建农村商业银行效率评价指标体系及评价方法的选择。首先，基于科学性、通用可比、系统优化、可操作性原则对构建农村商业银行经营效率评价指标体系提出了具体要求。其次，在已有研究成果的基础上，构建了本书的农村商业银行经营效率评价指标体系：具体选择全部职工数、应付职工薪酬、固定资产净值、营业支出、核心资本作为资金筹集子系统人力、物力、财力投入的测量指标，选择吸收存款、同业及其他金融机构存放款项作为资金筹集子系统产出的测量指标；选择吸收存款、同业及其他金融机构存放款项作为资金运营子系统投入的测量指标，选择贷款余额、资产收益率、所有者权益收益率、拨备覆盖率、人民币存贷比例、不良贷款率作为资金运营子系统盈利性、安全性产出的测量指标；选择贷款余额、资产收益率、所有者权益收益率、拨备覆盖率、人民币存贷比例作为服务应用子系统盈利性、安全性投入的测量指标，选择第一产业增加值、农户固定资产投资总额、农村最低

生活保障支出、养老院个数、人均纯收入、人均消费性支出、成灾率作为服务应用子系统经济发展、社会发展、居民生活、生态环境产出的测量指标。最后，结合农村商业银行的系统特征，选择了打开“黑箱”的三阶段串联网络 DEA 模型作为农村商业银行经营效率的评价方法。

5 我国农村商业银行经营效率评价

农村商业银行经营效率的实际水平的测度，是客观认识我国农村商业银行经营过程中存在问题和不足、找出提升我国农村商业银行经营效率方法的有效途径。在第4章建立了农村商业银行经营效率评价模型的基础上，本章将测度我国农村商业银行经营效率的真实水平。首先，按照农村商业银行系统的组成部分，分别评价了农村商业银行资金筹集子系统、资金运营子系统、服务应用子系统的效率。其次，对农村商业银行经营效率的时间演变和空间差异进行了分析。最后，对农村商业银行经营效率与国有商业银行和股份制商业银行进行了对比。本章研究将为下文的农村商业银行经营效率影响因素分析提供依据。

5.1 样本数据来源

本书选取的样本农村商业银行在地理分布方面，涵盖了东、中、西部地区，覆盖范围较广泛。在法人层次方面，样本农村商业银行涵盖了省级法人、市级法人和县级法人，覆盖层次比较全面。在占有的市场份额方面，2012—2017年间，样本农村商业银行总资产占全国农村商业银行总资产的比重连续保持在50%以上，占比较大。据此推演我国农村商业银行的经营效率状况比较具有代表性，如表5-1、表5-2所示。

表5-1 样本农村商业银行法人层次

法人分类	样本农村商业银行名称		
省级法人	北京农村商业银行	上海农村商业银行	天津农村商业银行
	重庆农村商业银行	宁夏黄河农村商业银行	

续表

法人分类	样本农村商业银行名称		
市级法人	广州农村商业银行	江苏吴江农村商业银行	宁波鄞州农村商业银行
	江苏江阴农村商业银行	广东南海农村商业银行	浙江温岭农村商业银行
	杭州联合农村商业银行	浙江义乌农村商业银行	厦门农村商业银行
	大连农村商业银行	中山农村商业银行	江苏姜堰农村商业银行
	江苏常熟农村商业银行	江苏启东农村商业银行	江苏江都农村商业银行
	江苏江南农村商业银行	宁波慈溪农村商业银行	江苏张家港农村商业银行
	江苏紫金农村商业银行	广东高明农村商业银行	无锡农村商业银行
	江门新会农村商业银行	珠海农村商业银行	浙江萧山农村商业银行
	武汉农村商业银行	安徽桐城农村商业银行	鄂尔多斯农村商业银行
	合肥科技农村商业银行	安庆农村商业银行	池州九华农村商业银行
	青海西宁农村商业银行	成都农村商业银行	佛山农村商业银行
县级法人	江苏海安农村商业银行	广东顺德农村商业银行	浙江德清农村商业银行
	安徽肥西农村商业银行	安徽舒城农村商业银行	安徽青阳农村商业银行
	安徽岳西农村商业银行		

表 5－2　2012—2017 年样本农村商业银行总资产占全国农村商业银行总资产比重

年份	样本农村商业银行总资产（亿元）	全国农村商业银行总资产（亿元）	占比
2012	35060.89	62751	0.5587
2013	48146.87	85128	0.5656
2014	58154.01	115273	0.5045
2015	76459.22	152342	0.5019
2016	111730.2	202680	0.5513
2017	123860.1	233554.6	0.5303

资料来源：根据国泰安数据库，Wind 数据库整理计算。

本书研究涉及的数据来自国泰安数据库、农村商业银行年报及《中国农村统计年鉴》。应付职工薪酬、固定资产净额、营业支出、核心资本、吸收存款、同业及其他金融机构存放款项、不良贷款率、资产收益率、所有者权益收益率、拨备覆盖率、贷款余额、人民币存贷比例相关数据来自国泰安数据库，职工总人数来自各农村商业银行年报，农林牧渔增加值、成灾率、农村最低生活保障支出、养老院单位数、农民人均纯收入、人均消费性支出、农户固定资产投资总额相关数据来自《中国农村统计年鉴》。

5.2 农村商业银行经营效率评价分析

根据前文构建的农村商业银行经营效率理论框架和评价指标体系，以我国45家农村商业银行2012—2017年相关数据为基础，采用三阶段串联网络DEA模型，结合Malmquist指数（MI指数），分别测度了各农村商业银行资金筹集子系统、资金运营子系统、服务应用子系统和农村商业银行经营效率的动态变化。Malmquist指数（MI）的经济含义是从t期到t+1期农村商业银行经营效率的动态变化。Malmquist指数（MI）可以分解为技术效率指数（EC）和技术进步指数（TC），其经济含义分别反映了从t期到t+1期农村商业银行经营管理决策正确性和技术进步的动态变化。

5.2.1 农村商业银行资金筹集子系统效率实证结果及分析

资金筹集子系统衡量的是农村商业银行获取低成本资金的能力。表5-3为2012—2017年农村商业银行资金筹集子系统效率及其分解变化。

表5-3　2012—2017年农村商业银行资金筹集子系统效率及其分解变化

年份	MI（效率动态变化）	EC（技术效率动态变化）	TC（技术进步动态变化）
2012—2013	0.9122	0.9117	1.0005
2013—2014	0.9167	1.0307	0.8895
2014—2015	1.0220	0.9874	1.0351
2015—2016	0.9396	0.6871	1.3599
2016—2017	0.9716	1.3513	0.7202
各年平均	0.9516	0.9706	0.9796

注：表5-3以及本章中其他表中均值都是几何平均值。

资料来源：根据国泰安数据库，Wind数据库整理计算。

从表5-3和图5-1可以看出，在2012—2017年，我国农村商业银行资金筹集子系统效率以年平均4.84%的比例降低，说明我国农村商业银行从整体上资金筹集效率是逐步下降的。从资金筹集效率的变化趋势看，除2014—2015年我国农村商业银行资金筹集子系统MI增长2.2%以外，我国农村商业银行资金筹集子系统效率一直是下降的，但下降幅度逐渐降低，2012—2013年MI下降8.78%，2013—2014年MI下降8.33%，2015—2016年MI下降了6.04%，2016—2017下降2.84%。说明近年来由于第三方支付以及非银行金融机构吸收存款数量逐渐增多，我国农村商业银行通过低成本获取资金的能力还有待提高。但下降幅度逐渐减小也说明，我国政府采取的一系列改革措施和监管办法起到了积极的效果，促进了我国农村商业银行资金筹集子系统效率的提高。

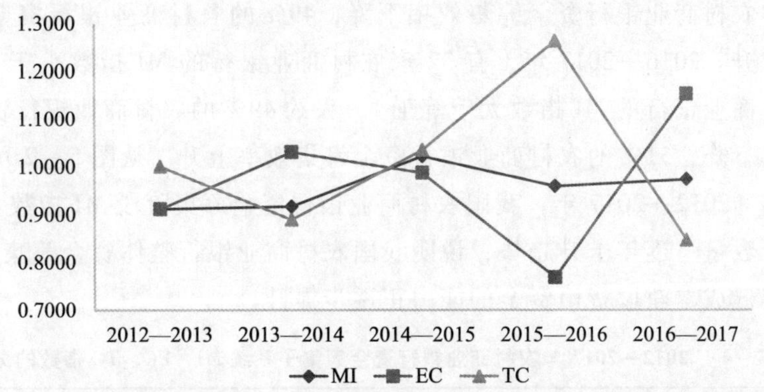

图5-1 2012—2017年农村商业银行资金筹集子系统效率及其分解的动态变化

资料来源：根据国泰安数据库，Wind数据库整理计算。

分析资金筹集子系统效率均值下降的原因可以从技术效率和技术进步两方面入手。从表5-3和图5-1可以发现，技术效率年均下降2.94%，占MI下降率4.84%的60%，技术进步年均下降2.04%，占MI下降率的40%，由此可见，技术效率的降低是导致我国农村商业银行资金筹集子系统效率降低的主要原因。因此，我国农村商业银行在资金筹集方面必须加强自身经营管理，一方面通过适当扩张规模达到规模效应，另一方面通过提高纯技术效率来提高总的技术效率。同时，也要开发创新金融产品、采用高新技术设备，通过技术进步提高全要素生产率。2014—2015年MI增长的主要驱动力就是技术进步。

表5-4是2012—2017年我国农村商业银行资金筹集阶段MI、EC、TC指数的分布，显示了MI、EC、TC变化在所有农村商业银行内的变

动。从 MI 指数来看，2012—2013 年，有 29 家农村商业银行的 MI 指数小于 1，16 家农村商业银行的 MI 指数大于等于 1，大约 65% 的农村商业银行资金筹集效率下降，35% 的农村商业银行资金筹集效率上升。2013—2014 年与 2012—2013 年情况相同。2014—2015 年，有 24 家农村商业银行 MI 指数小于 1，数量比前两年有所下降，21 家农村商业银行 MI 指数大于等于 1，大约 53% 的农村商业银行资金筹集效率下降，47% 的农村商业银行资金筹集效率上升。2015—2016 年，有 23 家农村商业银行的 MI 指数小于 1，22 家农村商业银行的 MI 指数大于等于 1，大约 51% 的农村商业银行资金筹集效率下降，49% 的农村商业银行资金筹集效率上升。2016—2017 年，有 22 家农村商业银行的 MI 指数小于 1，23 家农村商业银行的 MI 指数大于等于 1，大约 49% 的农村商业银行资金筹集效率下降，51% 的农村商业银行资金筹集效率上升。从图 5-2 可以明显看出，2012—2017 年，我国农村商业银行资金筹集阶段 MI 指数大于 1 的银行数量呈逐年上升趋势，说明我国农村商业银行整体资金筹集效率，即以较低成本获取货币资金的能力正逐步提升。

表 5-4　2012—2017 年农村商业银行资金筹集子系统 MI、EC、TC 指数的分布

	2012—2013			2013—2014			2014—2015			2015—2016			2016—2017		
	MI	EC	TC	MI	EC	TC	MI	EC	TC	MI	EC	TC	MI	EC	TC
<1	29	28	19	29	15	31	24	26	17	23	31	13	22	15	26
≥1	16	17	26	16	30	14	21	19	28	22	14	32	23	30	19

资料来源：根据国泰安数据库，Wind 数据库整理计算。

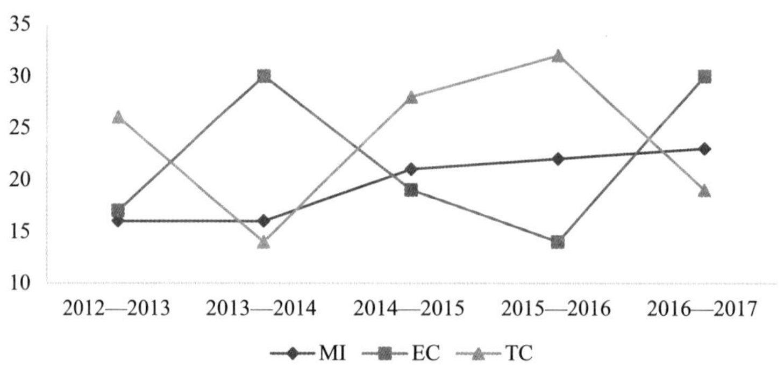

图 5-2　2012—2017 年农村商业银行资金筹集子系统 MI、EC、TC 指数的分布图

资料来源：根据国泰安数据库，Wind 数据库整理计算。

根据第3章的农村商业银行投入产出的分析，样本农村商业银行大多数数据的差异是较大的，通过对我国东部、西部和中部地区农村商业银行资金筹集子系统效率的分析，一方面，从区域角度了解我国农村商业银行以较低成本获取货币资金的能力，以便效率相对较低地区向效率较高地区学习借鉴，实现各区域全面均衡发展。另一方面，探究各地区农村商业银行效率对全国农村商业银行效率增长的贡献情况。

表5-5　2012—2017年分区域农村商业银行资金筹集子系统效率及其分解

年份	东部			西部			中部		
	MI	EC	TC	MI	EC	TC	MI	EC	TC
2012—2013	0.97	0.94	1.03	0.85	0.85	1.00	0.79	0.86	0.91
2013—2014	0.96	1.04	0.92	0.75	0.99	0.76	0.87	1.01	0.85
2014—2015	1.02	0.93	1.10	0.95	0.96	0.99	1.05	1.20	0.88
2015—2016	1.00	0.81	1.27	0.73	0.55	1.22	0.93	0.75	1.25
2016—2017	1.19	1.14	1.05	1.02	1.21	0.84	0.74	1.19	0.62
均值	1.02	0.97	1.07	0.85	0.88	0.95	0.87	0.99	0.88

资料来源：根据国泰安数据库，Wind数据库整理计算。

表5-5为2012—2017年分区域资金筹集子系统农村商业银行效率及其分解，观察发现：（1）2012—2017年，只有东部地区农村商业银行资金筹集子系统MI年均值大于1，实现年均增长2%，西部地区和中部地区MI年均值均小于1，年均降低分别为15%和13%，其中西部地区年均值最低。（2）东部地区MI增长的主要推动力是技术进步，表明东部地区农村商业银行不断改进经营方式，创新或借鉴国外先进的技术手段显著提升了资金筹集能力。西部地区和中部地区MI下降的主要原因分别为技术效率的下降和技术的退步。（3）结合前文分析，我国农村商业银行资金筹集子系统效率2012—2017年呈下降趋势，主要是西部和中部地区效率下降所致，而整体下降幅度逐年降低，主要是由于东部地区效率上升拉动。

5.2.2 农村商业银行资金运营子系统效率实证结果及分析

资金运营子系统衡量的是农村商业银行获取利润的能力，直接反映农村商业银行三大业务中资产业务和表外业务的经营情况。表 5 - 6 为 2012—2017 年农村商业银行资金运营子系统效率及其分解变化。从表 5 - 6和图 5 - 3 可以看出，在 2012—2017 年，我国农村商业银行资金运营子系统效率以年平均 2.9% 的比例降低，说明我国农村商业银行从整体上资金运营效率是逐步下降的。从资金运营效率变化趋势看，除 2014—2015 年我国农村商业银行资金运营子系统 MI 增长 0.73% 以外，我国农村商业银行资金运营子系统效率一直是下降的，但下降幅度逐渐降低，2012—2013 年 MI 下降 8.17%，2013—2014 年 MI 下降 3.12%，2015—2016 年 MI 下降了 3.57%，2016—2017 年下降 0.1%。说明我国农村商业银行获取利润的能力还有待提升。银行收入来源主要有利息收入和非利息收入，利息收入主要来自于存款和贷款的利息差。2012—2017 年我国农村商业银行资金运营效率的下降，主要是受资产规模、市场准入条件等限制。而下降速度的逐步减缓，主要是因为农村商业银行存贷款比例的逐渐提高，且农村商业银行通过不断创新金融产品提高非利息收入，而非利息收入在总收入中占比的提高具有杠杆效应，可以加倍提高农村商业银行利润。

表 5 - 6 2012—2017 年农村商业银行资金运营子系统效率及其分解变化

年份	MI	EC	TC
2012—2013	0.9183	1.0100	0.9091
2013—2014	0.9688	0.9712	0.9975
2014—2015	1.0073	1.0716	0.9400
2015—2016	0.9643	1.0214	0.9440
2016—2017	0.9990	0.9194	1.0866
各年平均	0.9710	0.9974	0.9735

资料来源：根据国泰安数据库，Wind 数据库整理计算。

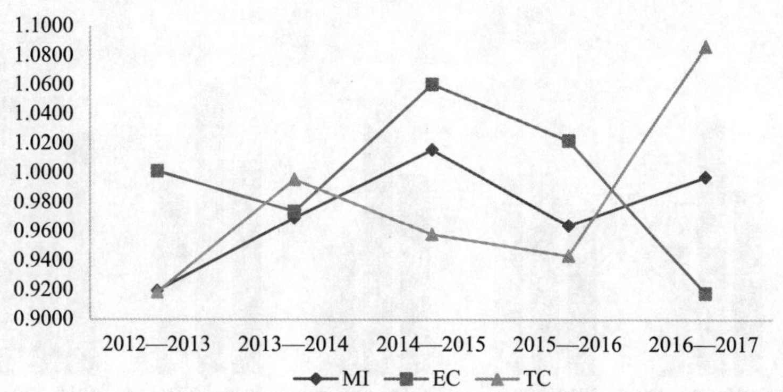

图 5-3　2012—2017 年农村商业银行资金运营子系统效率及其分解的动态变化

资料来源：根据国泰安数据库，Wind 数据库整理计算。

分析资金运营子系统效率均值下降的原因可以从技术效率和技术进步两方面入手。从表 5-6 和图 5-3 可以发现，技术进步年均下降 2.65%，占 MI 下降率 2.9% 的 91%，技术效率年均下降 0.26%，占 MI 下降率的 9%，由此可见，技术退步是导致我国农村商业银行资金运营子系统效率降低的主要原因。除 2016—2017 年外，2012—2016 年我国农村商业银行资金运营一直处于技术退步状态。因此，我国农村商业银行必须采用高新技术设备、开发创新金融产品、提供新的金融服务，通过技术进步提高资金运营效率。

表 5-7　2012—2017 年农村商业银行资金运营子系统 MI、EC、TC 指数的分布

	2012—2013			2013—2014			2014—2015			2015—2016			2016—2017		
	MI	EC	TC	MI	EC	TC	MI	EC	TC	MI	EC	TC	MI	EC	TC
<1	18	8	26	21	17	16	16	6	26	15	3	17	10	15	0
≥1	27	37	19	24	28	29	29	39	19	30	42	28	35	30	45

资料来源：根据国泰安数据库，Wind 数据库整理计算。

表 5-7 是 2012—2017 年我国农村商业银行资金运营子系统 MI、EC、TC 指数的分布，图 5-4 是 2012—2017 年我国农村商业银行资金运营子系统 MI、EC、TC 指数的分布图，显示了 MI、EC、TC 变化在所有农村商业银行内的变动。从 MI 指数来看，2012—2013 年，有 18 家农村商业银行的 MI 指数小于 1，27 家农村商业银行的 MI 指数大于等于 1，大约 40% 的农村商业银行资金运营效率下降，60% 的农村商业银行资金

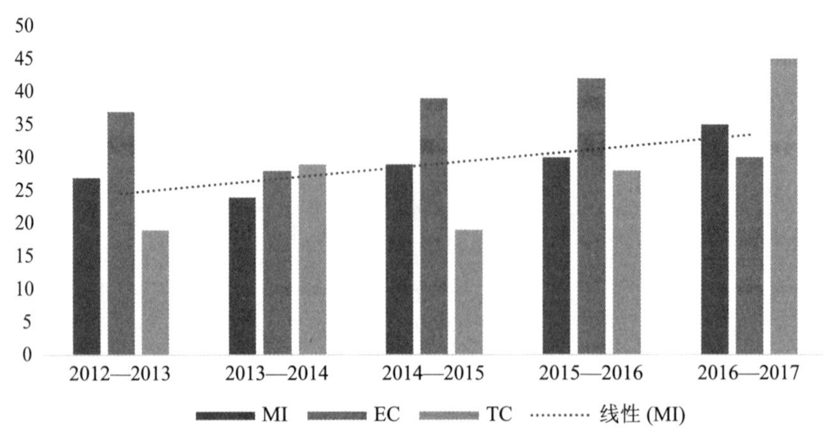

图 5 - 4　2012—2017 年农村商业银行资金运营子系统 MI、EC、TC 指数的分布图

资料来源：根据国泰安数据库，Wind 数据库整理计算。

运营效率上升。2013—2014 年较 2012—2013 年情况有所恶化，MI 指数小于 1 的农村商业银行数量上升到 21 家，MI 指数大于等于 1 的农村商业银行数量下降到 24 家。2014—2015 年较 2013—2014 年有较大改善，有 16 家农村商业银行的 MI 指数小于 1，29 家农村商业银行的 MI 指数大于等于 1，MI 指数大于等于 1 的农村商业银行数量同比增长 21%。2015—2016 年，有 15 家农村商业银行的 MI 指数小于 1，30 家农村商业银行的 MI 指数大于等于 1，大约 33% 的农村商业银行资金运营效率下降，67% 的农村商业银行资金运营效率上升。2016—2017 年，有 10 家农村商业银行的 MI 指数小于 1，35 家农村商业银行的 MI 指数大于等于 1，大约 22% 的农村商业银行资金运营效率下降，78% 的农村商业银行资金运营效率上升。从表 5 - 7 和图 5 - 4 可以明显看出，2012—2017 年，我国农村商业银行资金运营子系统 MI 指数大于 1 的银行数量总体上呈上升趋势。截至 2017 年年末，已有 78% 的农村商业银行资金运营效率大于 1，结合前文分析，说明我国农村商业银行整体资金运营效率，即获取利润的能力正逐步提升。

通过对我国东部、西部和中部地区农村商业银行资金运营子系统效率的分析，一方面，从区域角度了解我国农村商业银行获取利润的能力，以便效率相对较低地区向效率较高地区学习借鉴，实现各区域全面均衡发展。另一方面，探究各地区农村商业银行资金运营效率对全国农村商业银行资金运营效率增长的贡献情况。

表 5 - 8 为 2012—2017 年分区域资金运营子系统农村商业银行效率及其分解，观察发现：（1）2012—2017 年，只有东部地区农村商业银行资金运营子系统 MI 年均值等于 1，西部地区和中部地区 MI 年均值均小于 1，年均降低分别为 7% 和 5%，其中西部地区年均值最低。（2）东部地区 MI 增长的主要推动力是技术效率的提高，说明国家采取的放松对农村商业银行分支机构运营资金要求等扶持政策，有利于东部地区这样经济发展环境较好区域的农村商业银行解决规模发展受限问题，使其壮大规模，在一定程度上提高了农村商业银行的规模效率。同时，经济发展环境良好区域的农村商业银行数量增长更快，加大了农村商业银行间竞争压力，促使农村商业银行通过采取系列有力措施不断提升盈利能力，进而提高经营效率。（3）西部地区和中部地区 MI 下降的主要原因分别为技术的退步和技术效率的下降。相比于中部地区，西部地区的技术效率实现年均增长，原因主要在于西部地区农村商业银行设立时间较晚，前期积累较少且劣势较多，人力、物力、资金等投入的增加能带来较大幅度的效率提升。（4）结合前文分析，我国农村商业银行资金运营子系统效率 2012—2017 年呈下降趋势，主要是西部和中部地区效率下降所致，而整体下降幅度逐年降低，主要是由于东部地区效率上升拉动。

表 5 - 8　2012—2017 年分区域农村商业银行资金运营子系统效率及其分解

年份	东部			西部			中部		
	MI	EC	TC	MI	EC	TC	MI	EC	TC
2012—2013	1.02	1.06	0.96	0.88	1.08	0.82	0.88	1.04	0.84
2013—2014	1.00	0.96	1.04	0.80	1.02	0.78	0.94	0.99	0.95
2014—2015	1.02	1.09	0.94	0.90	0.86	1.05	1.05	1.07	0.98
2015—2016	0.97	1.03	0.94	0.87	0.96	0.91	0.97	1.02	0.95
2016—2017	1.00	0.95	1.05	1.22	1.13	1.08	0.91	0.76	1.20
均值	1.00	1.02	0.99	0.93	1.01	0.92	0.95	0.97	0.98

资料来源：根据国泰安数据库，Wind 数据库整理计算。

5.2.3 农村商业银行服务应用子系统效率实证结果及分析

服务应用是企业社会责任履行结果的体现，是企业在制度压力影响下实施社会战略后的具体表现。近年来，企业社会责任得到了包括政府和公众等多方主体的关注，要求企业不光注重盈利性，即利润创造，还要对环境、消费者等相关利益方负责。商业银行作为经营货币的特殊企业，肩负着宏观资源配置、信用中介、维护金融稳定等重要责任，而农村商业银行则侧重于服务“三农”发展职责，因此，服务应用子系统主要衡量的是农村商业银行服务“三农”发展的能力。

表 5 - 9 为 2012—2017 年农村商业银行服务应用子系统效率及其分解变化。从表 5 - 9 和图 5 - 5 可以看出，在 2012—2017 年，我国农村商业银行服务应用子系统效率以年平均 2.18% 的比例降低，说明我国农村商业银行从整体上服务应用效率是逐步下降的。从服务应用子系统效率的变化趋势看，近两年我国农村商业银行服务应用子系统 MI 呈增长状态，分别增长 0.002% 和 7.07%，说明由于我国对“三农”发展高度重视，给予农村商业银行服务“三农”发展的一系列优惠政策和激励政策发挥了积极作用，使得农村商业银行逐步实现以“三农”为服务对象，为当地农业、农村、农民提供金融服务。

表 5 - 9　2012—2017 年农村商业银行服务应用子系统效率及其分解变化

年份	MI	EC	TC
2012—2013	0.9003	0.9444	0.9533
2013—2014	0.9431	1.0563	0.8928
2014—2015	0.9849	1.0743	0.9167
2015—2016	1.0002	1.1880	0.8420
2016—2017	1.0707	0.9145	1.1708
各年平均	0.9782	1.0309	0.9489

资料来源：根据国泰安数据库，Wind 数据库整理计算。

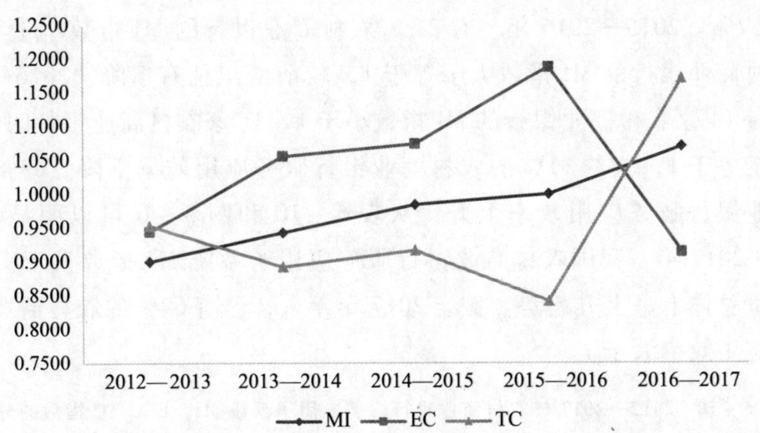

图 5－5　2012—2017 年农村商业银行服务应用子系统效率及其分解的动态变化

资料来源：根据国泰安数据库，Wind 数据库整理计算。

分析服务应用子系统效率均值下降的原因可以从技术效率和技术进步两方面入手。从表 5－9 和图 5－5 可以发现，技术进步年均下降 5.11%，而技术效率年均上升 3.09%，由此可见，技术退步是导致我国农村商业银行服务应用子系统效率降低的主要原因。因此，我国农村商业银行在服务应用子系统必须增强金融创新能力，通过金融创新积极应对“三农”发展需求的动态变化，摆脱服务产品同质化困境，更好地服务“三农”发展。

表 5－10 是 2012—2017 年我国农村商业银行服务应用子系统 MI、EC、TC 指数的分布，图 5－6 是 2012—2017 年我国农村商业银行服务应用子系统 MI、EC、TC 指数的分布图，显示了 MI、EC、TC 变化在所有农村商业银行内的变动。从 MI 指数来看，2012—2013 年，有 25 家农村商业银行的 MI 指数小于 1，20 家农村商业银行的 MI 指数大于等于 1，大约 56% 的农村商业银行服务应用效率下降，44% 的农村商业银行服务应用效率上升。2013—2014 年较 2012—2013 年情况大幅改善，MI 指数小于 1 的农村商业银行数量下降到 20 家，MI 指数大于等于 1 的农村商业银行数量上升到 25 家，有超过一半的农村商业银行 MI 指数大于等于 1，实现服务应用效率上升。2014—2015 年与 2013—2014 年持平，但 EC 指数大于等于 1 农村商业银行数量有所减少，TC 指数大于等于 1 的数量

上升67%。2015—2016年，有21家农村商业银行的MI指数小于1，24家农村商业银行的MI指数大于等于1，较前两年稍有下降。2016—2017年，有14家农村商业银行的MI指数小于1，31家农村商业银行的MI指数大于等于1，大约31%的农村商业银行服务应用效率下降，69%的农村商业银行服务应用效率上升。从表5－10和图5－6可以明显看出，2012—2017年，我国农村商业银行服务应用子系统MI指数大于1的银行数量总体上呈上升趋势。截至2017年年末，已有69%的农村商业银行服务应用效率大于1。

表5－10　2012—2017年农村商业银行服务应用子系统MI、EC、TC指数的分布

	2012—2013			2013—2014			2014—2015			2015—2016			2016—2017		
	MI	EC	TC	MI	EC	TC	MI	EC	TC	MI	EC	TC	MI	EC	TC
<1	25	9	36	20	7	36	20	21	30	21	9	37	14	25	10
≥1	20	36	9	25	38	9	25	24	15	24	36	8	31	20	35

资料来源：根据国泰安数据库，Wind数据库整理计算。

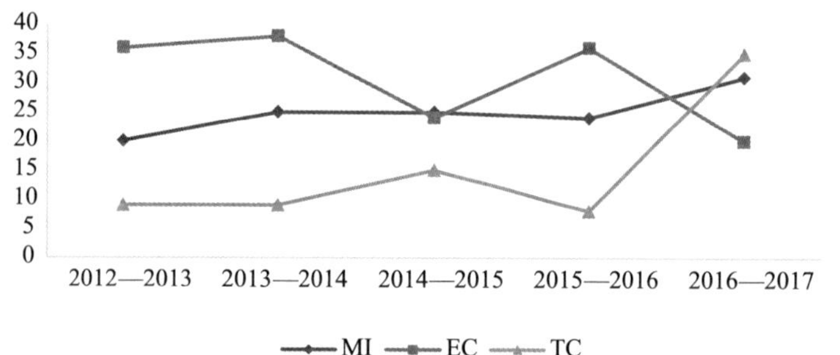

图5－6　2012—2017年农村商业银行服务应用子系统MI、EC、TC指数的分布图

资料来源：根据国泰安数据库，Wind数据库整理计算。

通过对我国东部、西部和中部地区农村商业银行服务应用子系统效率的分析，一方面，从区域角度了解我国农村商业银行服务“三农”发展的能力，以便效率相对较低地区向效率较高地区学习借鉴，实现各区域全面均衡发展。另一方面，探究各地区农村商业银行服务应用效率对全国农村商业银行服务应用效率增长的贡献情况。

表5－11为2012—2017年分区域服务应用子系统农村商业银行效率

及其分解，观察发现：（1）2012—2017 年，只有中部地区农村商业银行服务应用子系统 MI 年均值小于 1，西部地区和东部地区 MI 年均值均大于 1，年均增长分别为 4% 和 1%，其中西部地区年均值最高。（2）东部地区和西部地区 MI 增长的主要推动力是技术效率的提高。东部地区技术效率的提高主要与其长期以来突出的资源整合能力相关，东部地区经济发展较快，使得农村商业银行能够更好地整合不同来源、不同层次、不同结构、不同内容的资源，对其进行选择、汲取、配置和有机融合，使之更具条理性、系统性和价值性，摒弃无价值的资源，形成新的核心资源体系，从而更好地服务“三农”发展。西部地区技术效率的提高则主要是由于一段时间以来以规模为核心的量的增长。技术效率的下降和技术退步则共同导致中部地区 MI 的下降。（3）结合前文分析，我国农村商业银行服务应用子系统效率 2012—2017 年呈下降趋势，主要是中部地区效率下降所致，而整体下降幅度逐年降低，主要是由于东部和西部地区效率上升拉动。

表 5-11　2012—2017 年分区域农村商业银行服务应用子系统效率及其分解

年份	东部			西部			中部		
	MI	EC	TC	MI	EC	TC	MI	EC	TC
2012—2013	0.91	0.96	0.94	1.15	1.04	1.11	0.88	0.96	0.91
2013—2014	0.98	1.08	0.90	0.97	0.96	1.01	0.82	1.07	0.77
2014—2015	1.00	1.12	0.90	1.08	1.19	0.91	0.81	0.81	1.00
2015—2016	1.07	1.26	0.85	0.67	0.70	0.95	0.96	1.15	0.84
2016—2017	1.09	0.94	1.16	1.49	1.48	1.01	0.88	0.69	1.27
均值	1.01	1.07	0.95	1.04	1.04	0.99	0.87	0.92	0.94

资料来源：根据国泰安数据库，Wind 数据库整理计算。

5.2.4 农村商业银行经营效率实证结果及分析

农村商业银行的经营不仅要以流动性、安全性和盈利性为目标，在此基础上还要服务于“三农”发展。资金筹集子系统和资金运营子系统主要考察其作为一般商业银行的效率，服务应用子系统重点研究其作为服务“三农”发展金融机构的效率。最后，根据三个子系统的效率，综合分析我国农村商业银行经营效率，如表 5－12 所示。

表 5－12　2012—2017 年农村商业银行经营效率及其分解变化

年份	经营效率			资金筹集效率			资金运营效率			服务应用效率		
	MI	EC	TC	MI	EC	TC	MI	EC	TC	MI	EC	TC
2012—2013	0.89	1.01	0.88	0.91	0.91	1.00	0.92	1.01	0.91	0.90	0.94	0.95
2013—2014	0.95	1.17	0.81	0.92	1.03	0.89	0.97	0.97	1.00	0.94	1.06	0.89
2014—2015	0.92	0.96	0.95	1.02	0.99	1.04	1.01	1.07	0.94	0.98	1.07	0.92
2015—2016	0.91	0.88	1.04	0.94	0.69	1.36	0.96	1.02	0.94	1.00	1.19	0.84
2016—2017	1.03	1.03	1.00	0.97	1.35	0.72	1.00	0.92	1.09	1.07	0.91	1.17
各年平均	0.94	1.01	0.93	0.95	0.97	0.98	0.97	1.00	0.97	0.98	1.03	0.95

资料来源：根据国泰安数据库，Wind 数据库整理计算。

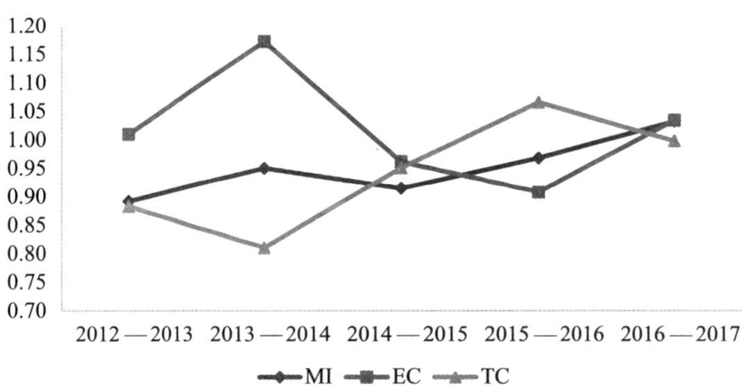

图 5－7　2012—2017 年农村商业银行经营效率及其分解的动态变化

资料来源：根据国泰安数据库，Wind 数据库整理计算。

从表 5－12 和图 5－7 可以看出，在 2012—2017 年，我国农村商业银行经营效率以年平均 6% 的速度降低，说明我国农村商业银行从整体上平均效率是下降的。从 2012 年开始，我国农村商业银行经营效率一路下跌，尤其是从 2013 年开始，下降幅度更是逐年上升，在现阶段金融机构间竞争加剧的背景下，农村商业银行想要获得一定的市场份额和相应的利润，必须整合优化内部资源和结构，摆脱效率低下的状态。但 2016—2017 年我国农村商业银行 MI 指数大于 1，效率上升，说明“十三五”开局之年，我国政府对“三农”问题高度关注，对农村金融机构高度重视，颁布实施的一系列政策对促进农村商业银行支持“三农”发展产生了明显的效果。

从表5－12和图5－7可以发现，技术退步是导致我国农村商业银行经营效率降低的主要原因，技术退步年均7%，而技术效率年均上升1%，拉动了总效率上升。综合三阶段考虑，资金运营以及服务应用效率均值下降的主要原因都是技术退步，资金筹集效率下降的主要原因虽然是技术效率下降，但实际上资金筹集子系统也是技术退步的，且与技术效率下降的幅度相差无几，这说明我国农村商业银行技术水平亟待提高。创新是提高技术效率的源泉，是农村商业银行旺盛生命力的体现。创新能力与农村商业银行技术水平存在紧密关系，农村商业银行要对创新战略进行安排，使制度、技术、产品、营销等方面的创新协调展开。只有不断提高农村商业银行创新意识和创新能力，才能够提高其效率水平，全方位地满足客户需要，获得可持续发展的能力，在银行竞争中立于不败之地。

资金筹集、资金运营以及服务应用三个系统效率共同低下导致了农村商业银行经营效率的低下，三各系统效率年均下降分别为5%，3%，2%。其中，资金筹集阶段的效率最低且最近两年没有明显的上升趋势。现阶段，农村商业银行资金筹集主要靠存款，余额宝等互联网金融产品吸收了大量原本属于农村商业银行的存款，导致农村商业银行不能以较低成本获得货币资金。因此，农村商业银行要积极拓宽资金筹集渠道，提高资金筹集子系统效率，进而提高农村商业银行经营效率。

表5－13　2012—2017年农村商业银行经营系统MI、EC、TC指数的分布

	2012—2013			2013—2014			2014—2015			2015—2016			2016—2017		
	MI	EC	TC	MI	EC	TC	MI	EC	TC	MI	EC	TC	MI	EC	TC
<1	26	12	35	26	11	39	23	23	33	24	31	17	17	20	22
≥1	19	33	10	19	34	6	22	22	12	21	14	28	28	25	23

资料来源：根据国泰安数据库，Wind数据库整理计算。

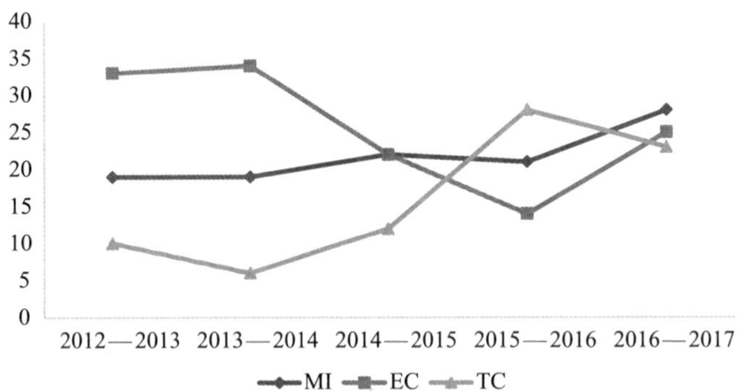

图 5-8　2012—2017 年农村商业银行经营系统 MI、EC、TC 指数的分布图

资料来源：根据国泰安数据库，Wind 数据库整理计算。

表 5-13 是 2012—2017 年我国农村商业银行经营系统 MI、EC、TC 指数的分布，图 5-8 是 2012—2017 年我国农村商业银行经营系统 MI、EC、TC 指数的分布图，显示了 MI、EC、TC 变化在所有农村商业银行内的变动。从表 5-13 和图 5-8 可以明显看出，2012—2017 年，我国农村商业银行经营系统 MI 指数大于等于 1 的银行数量呈逐年上升趋势，TC 指数大于等于 1 的银行数量变化趋势和 MI 指数大于等于 1 的银行数量变化趋势相似。

表 5-14　2012—2017 年分区域农村商业银行经营效率及其分解

年份	东部			西部			中部		
	MI	EC	TC	MI	EC	TC	MI	EC	TC
2012—2013	0.99	1.11	0.89	0.59	0.59	1.00	0.61	0.75	0.82
2013—2014	1.05	1.26	0.83	0.76	0.98	0.77	0.76	1.00	0.76
2014—2015	0.93	0.97	0.96	0.99	1.06	0.94	0.85	0.90	0.95
2015—2016	0.97	0.91	1.06	1.00	1.02	0.98	0.90	0.90	0.99
2016—2017	1.11	1.12	0.98	1.18	1.31	0.91	0.79	0.73	1.08
均值	1.01	1.07	0.94	0.88	0.96	0.92	0.78	0.85	0.91

资料来源：根据国泰安数据库，Wind 数据库整理。

表 5-14 为 2012—2017 年分区域农村商业银行经营效率及其分解，观察发现：（1）2012—2017 年，只有东部地区农村商业银行 MI 年均值大于 1，西部地区和中部地区 MI 年均值均小于 1，年均降低分别为 12%

和22%，其中，中部地区年均值最低。(2) 综合前三阶段的分析，东部地区在资金筹集子系统、资金运营子系统、服务应用子系统的效率均值均大于1，说明东部地区农村商业银行发展得最好，拉动东部地区经营效率提高的因素主要是技术效率的提高。

表5-15　2012—2017年排名前十的农村商业银行经营效率及其分解

排名	农村商业银行名称	MI	EC	TC
1	北京农村商业银行	1.4478	1.1543	1.2542
2	天津农村商业银行	1.1888	1.0849	1.0957
3	宁夏黄河农村商业银行	1.1638	1.1636	1.0002
4	江苏江都农村商业银行	1.0989	1.0827	1.0150
5	浙江义乌农村商业银行	1.0812	1.1007	0.9823
6	江苏姜堰农村商业银行	1.0775	1.0815	0.9964
7	浙江萧山农村商业银行	1.0661	1.1675	0.9131
8	杭州联合农村商业银行	1.0537	1.1578	0.9101
9	合肥科技农村商业银行	1.0491	0.8919	1.1764
10	江苏启东农村商业银行	1.0490	1.0659	0.9842

资料来源：根据国泰安数据库，Wind数据库整理。

表5-15为45家样本农村商业银行中按MI指数排名前十的农村商业银行。前十家农村商业银行经营效率均表现出增长趋势，其中，前四家农村商业银行MI、EC、TC均值都大于1，说明这几家农村商业银行通过技术效率提升和技术进步共同促进效率的提高。整体上看，前十家农村商业银行效率的增长主要来自于技术效率的改进，由此可见，技术效率的提高对提升农村商业银行效率具有重要意义。排名前十的农村商业银行大都位于经济较为发达的省份，说明地区经济发展有利于提升农村商业银行经营效率。

我国农村商业银行五年间经营效率空间相关性较强，即经营效率高的农村商业银行邻近的农村商业银行经营效率也高，也就是说，高经营效率银行对周边银行有辐射作用。可以发现，以北京为中心，周边省份农村商业银行经营效率值都较高。同时，本书运用stata软件，计算了

2013—2017 年我国农村商业银行经营效率的全局自相关系数 Moran's I，统计结果均为显著的。Moran's I 计算结果及趋势如图 5－9 所示。从图 5－9 可以看出，农村商业银行经营效率存在正的空间交互作用，而且其空间交互作用越来越明显，2016 年有明显增强的趋势。但 Moran's I 数值距离 1 还有很大距离，说明农村商业银行经营效率的聚集性还不大，总体空间差异虽有逐渐缩小的趋势，但距离全面平衡的发展还有很大差距。

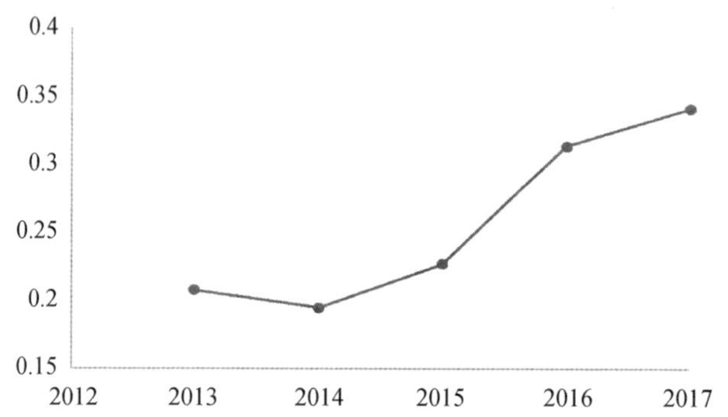

图 5－9　2013—2017 年农村商业银行经营效率全局自相关系数

资料来源：根据国泰安数据库，Wind 数据库整理。

5.3　农村商业银行与其他商业银行经营效率比较分析

由于农村商业银行发展起步较晚，目前国内尚且没有专门针对农村商业银行和国有商业银行、股份制商业银行经营效率的比较研究，本书在以上测算农村商业银行经营效率的基础上，同样运用三阶段串联动态网络 DEA 模型测算 5 家国有商业银行和 10 家股份制商业银行的经营效率，并与农村商业银行经营效率进行比较。

本书利用 5 家国有商业银行和 10 家股份制商业银行经营效率的均值代表行业的经营效率。邮政储蓄银行于 2019 年 2 月归属于国有商业银行，但考虑本书研究期间为 2012—2017 年，邮政储蓄银行在这期间仍属于股份制商业银行，因此，本书将邮政储蓄银行列为股份制商业银行进行研究，样本银行如表 5－16 所示。

表 5-16　样本国有商业银行和股份制商业银行

国有商业银行	股份制商业银行	
中国建设银行	兴业银行	招商银行
中国工商银行	广发银行	中信银行
中国农业银行	浦发银行	广大银行
中国银行	平安银行	华夏银行
交通银行	民生银行	邮政储蓄银行

国有商业银行和股份制商业银行经营效率评价指标体系参考农村商业银行经营效率评价指标体系，如表 5-17 所示。

表 5-17　国有商业银行和股份制商业银行经营效率评价指标体系构成

资金筹集子系统	指标	
投入变量	人力	资金筹集子系统全部职工数
		资金筹集子系统应付职工薪酬
	物力	资金筹集子系统固定资产净值
	财力	资金筹集子系统营业支出
		核心资本
产出变量		吸收存款
		同业及其他金融机构存放款项
资金运营子系统	**指标**	
投入变量	人力	资金运营子系统全部职工数
		资金运营子系统应付职工薪酬
	物力	资金运营子系统固定资产净值
		资金运营子系统营业支出
		吸收存款
		同业及其他金融机构存放款项
产出变量	盈利性	贷款余额
		资产收益率
		所有者权益收益率
	安全性	拨备覆盖率
		人民币存贷比例
		不良贷款率

续表

服务应用子系统	指标	
投入变量	盈利性	贷款余额
		资产收益率
		所有者权益收益率
	安全性	拨备覆盖率
		人民币存贷比例
产出变量	经济发展	国内生产总值
		固定资产投资总额
	社会发展	城市最低生活保障平均标准
	居民生活	城镇居民家庭人均可支配收入
		城镇居民人均消费性支出
	生态环境	环境污染治理投资总额占比 GDP

表 5-18、表 5-19、表 5-20 分别为 2012—2017 年国有商业银行、股份制商业银行、农村商业银行资金筹集子系统、资金运营子系统、服务应用子系统效率及其分解。

表 5-18 2012—2017 年国有商业银行、股份制商业银行、农村商业银行资金筹集子系统效率及其分解

年份		国有商业银行	股份制商业银行	农村商业银行
2012—2013	MI	0. 8925	0. 8905	0. 9122
	EC	0. 8523	0. 8613	0. 9117
	TC	1. 1322	1. 0222	1. 0005
2013—2014	MI	1. 0277	0. 9684	0. 9167
	EC	1. 0096	1. 0281	1. 0307
	TC	1. 0202	0. 9430	0. 8895
2014—2015	MI	0. 9575	0. 9207	1. 0220
	EC	0. 9519	0. 9492	0. 9874
	TC	1. 0055	0. 9681	1. 0351
2015—2016	MI	0. 9772	0. 9491	0. 9396
	EC	1. 0003	0. 9516	0. 6871
	TC	0. 9789	1. 0036	1. 0351

续表

年份		国有商业银行	股份制商业银行	农村商业银行
2016—2017	MI	0.9737	0.9831	0.9716
	EC	0.9854	1.0104	1.3513
	TC	0.9874	0.9695	0.7202
2012—2017 平均值	MI	0.9657	0.9423	0.9516
	EC	0.9599	0.9601	0.9706
	TC	1.0248	0.9813	0.9796

资料来源：根据国泰安数据库，Wind 数据库整理。

表 5－19　　2012—2017 年国有商业银行、股份制商业银行、农村商业银行资金运营子系统效率及其分解

年份		国有商业银行	股份制商业银行	农村商业银行
2012—2013	MI	0.9429	0.8600	0.9183
	EC	0.9637	0.8143	1.0100
	TC	1.0489	1.0782	0.9091
2013—2014	MI	1.1115	1.0223	0.9688
	EC	1.1070	1.1427	0.9712
	TC	1.0039	0.9056	0.9975
2014—2015	MI	0.9324	0.9009	1.0220
	EC	0.9520	0.9298	0.9874
	TC	0.9802	0.9664	1.0351
2015—2016	MI	1.0752	0.9673	0.9643
	EC	1.1278	1.0444	1.0214
	TC	0.9567	0.9259	0.9440
2016—2017	MI	0.9526	0.9294	0.9990
	EC	0.9592	0.9886	0.9974
	TC	0.9919	0.9373	0.9735
2012—2017 平均值	MI	1.0029	0.9360	0.9710
	EC	1.0219	0.9839	0.9974
	TC	0.9963	0.9627	0.9735

资料来源：根据国泰安数据库，Wind 数据库整理。

表 5-20　　2012—2017 年国有商业银行、股份制商业银行、农村商业银行服务应用子系统效率及其分解

年份		国有商业银行	股份制商业银行	农村商业银行
2012—2013	MI	1.1012	0.9855	0.9003
	EC	1.0296	0.9887	0.9444
	TC	1.0694	0.9970	0.9533
2013—2014	MI	0.9475	1.0310	0.9431
	EC	0.9439	1.0481	1.0563
	TC	1.0041	0.9907	0.8928
2014—2015	MI	1.0621	0.9481	0.9849
	EC	1.0538	0.9681	1.0743
	TC	1.0082	0.9792	0.9167
2015—2016	MI	0.9794	1.0187	1.0002
	EC	0.9945	1.1032	1.1880
	TC	0.9886	0.9262	0.8420
2016—2017	MI	1.0771	1.0035	1.0707
	EC	1.0847	1.0252	0.9145
	TC	0.9935	0.9782	1.1708
2012—2017 平均值	MI	1.0335	0.9973	0.9782
	EC	1.0213	1.0266	1.0309
	TC	1.0128	0.9742	0.9489

资料来源：根据国泰安数据库，Wind 数据库整理。

由表 5-18、表 5-19、表 5-20 可以发现，国有商业银行各系统效率明显高于股份制商业银行和农村商业银行。由 2012—2017 年平均效率可以看到，资金筹集子系统三类银行效率值都小于 1，说明资金筹集子系统三类银行普遍存在效率低下的问题。主要是因为技术效率偏低。对于国有商业银行来说，营业网点、从业人员冗余是导致资金筹集子系统

技术效率低下的主要原因，而对于股份制商业银行和农村商业银行来说，经营模式、管理体系等则是导致效率低下的主要原因。国有商业银行资金运营子系统和服务应用子系统 2012—2017 年间效率值均大于 1，而股份制商业银行和农村商业银行效率值均小于 1，但可以发现，从 2012 年到 2017 年间，股份制商业银行和农村商业银行各子系统效率平均值处于上升的状态。

图 5－10、图 5－11、图 5－12 为国有商业银行、股份制商业银行、农村商业银行资金筹集子系统效率及其分解变化趋势。

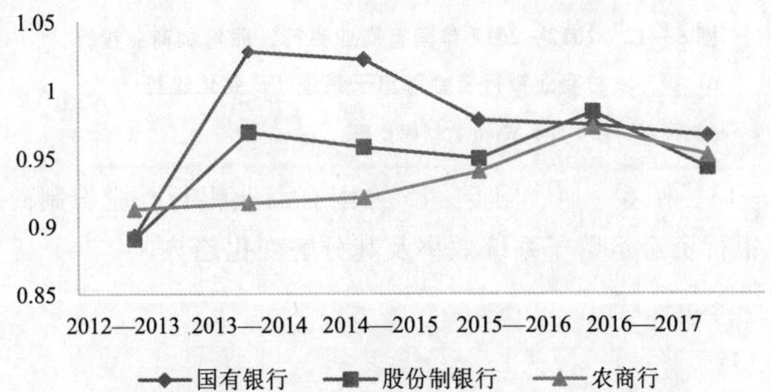

图 5－10　2012—2017 年国有商业银行、股份制商业银行、农村商业银行资金筹集子系统 MI 变化趋势

资料来源：根据国泰安数据库，Wind 数据库整理。

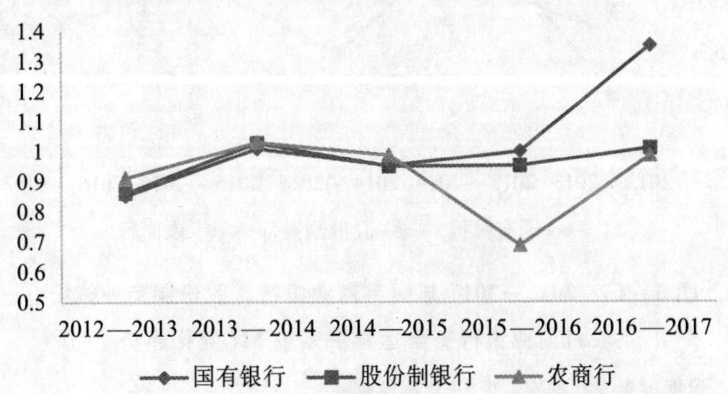

图 5－11　2012—2017 年国有商业银行、股份制商业银行、农村商业银行资金筹集子系统 EC 变化趋势

资料来源：根据国泰安数据库，Wind 数据库整理。

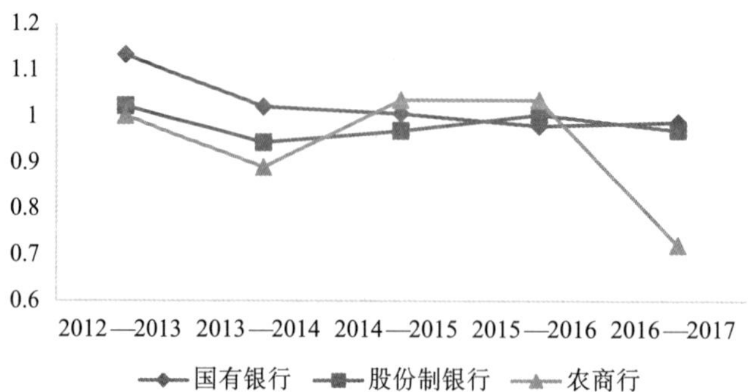

图 5-12　2012—2017 年国有商业银行、股份制商业银行、农村商业银行资金筹集子系统 TC 变化趋势

资料来源：根据国泰安数据库，Wind 数据库整理。

图 5-13、图 5-14、图 5-15 为国有商业银行、股份制商业银行、农村商业银行资金运营子系统效率及其分解变化趋势。

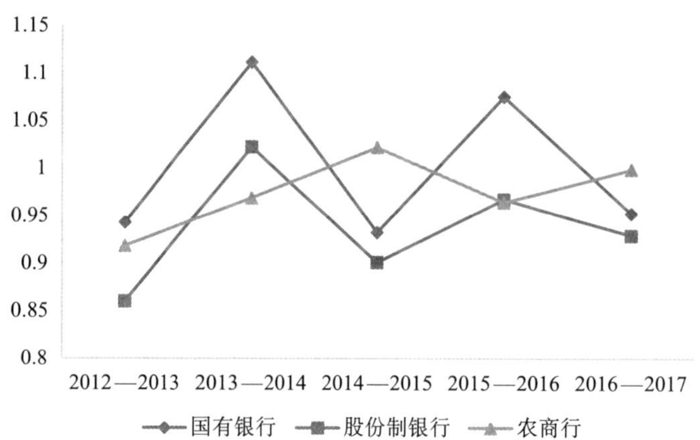

图 5-13　2012—2017 年国有商业银行、股份制商业银行、农村商业银行资金运营子系统 MI 变化趋势

资料来源：根据国泰安数据库，Wind 数据库整理。

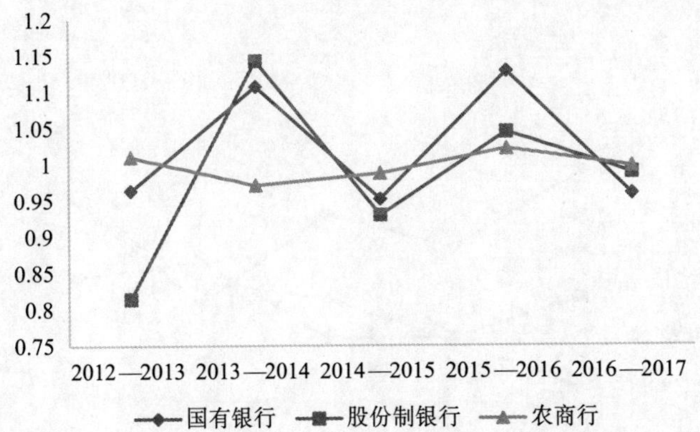

图 5-14　2012—2017 年国有商业银行、股份制商业银行、农村商业银行资金运营子系统 EC 变化趋势

资料来源：根据国泰安数据库，Wind 数据库整理。

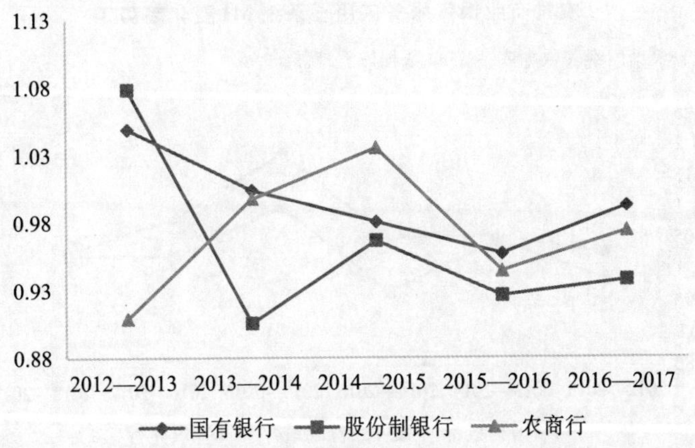

图 5-15　2012—2017 年国有商业银行、股份制商业银行、农村商业银行资金运营子系统 TC 变化趋势

资料来源：根据国泰安数据库，Wind 数据库整理。

图 5-16、图 5-17、图 5-18 为国有商业银行、股份制商业银行、农村商业银行服务应用子系统效率及其分解变化趋势。

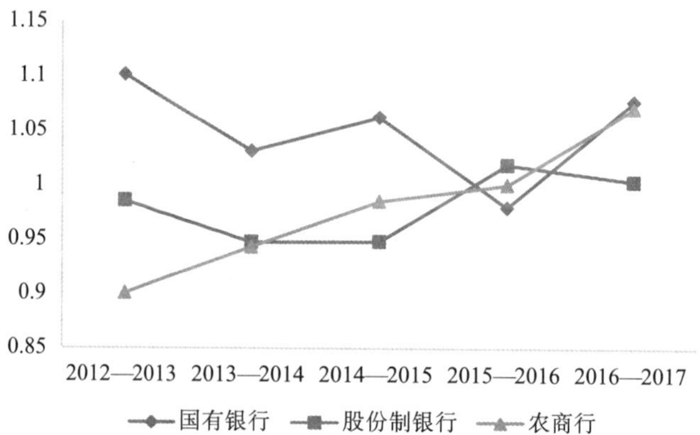

图 5-16　2012—2017 年国有商业银行、股份制商业银行、农村商业银行服务应用子系统 MI 变化趋势

资料来源：根据国泰安数据库，Wind 数据库整理。

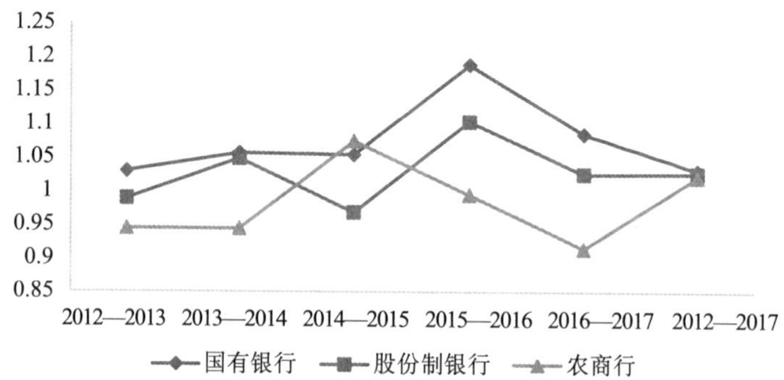

图 5-17　2012—2017 年国有商业银行、股份制商业银行、农村商业银行服务应用子系统 EC 变化趋势

资料来源：根据国泰安数据库，Wind 数据库整理。

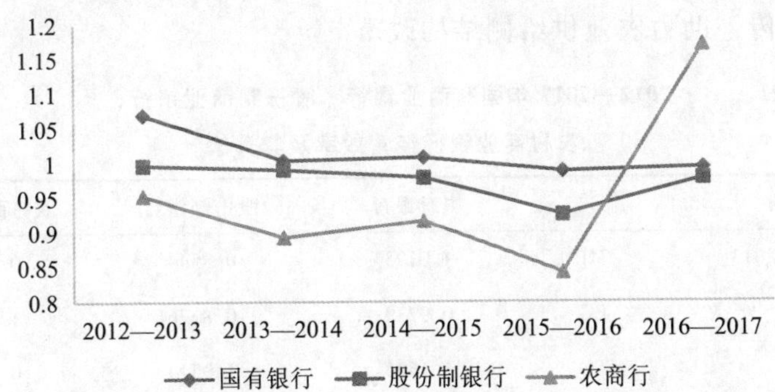

图 5-18 2012—2017 年国有商业银行、股份制商业银行、农村商业银行服务应用子系统 TC 变化趋势

资料来源：根据国泰安数据库，Wind 数据库整理。

由图 5-10 至图 5-18 进一步分析发现，无论是技术效率还是技术进步，国有商业银行效率都高于股份制商业银行和农村商业银行。从技术效率角度来看，如图 5-11、图 5-14、图 5-17 所示，一方面，我国股份制商业银行和农村商业银行相对于国有商业银行来说，经营范围狭窄，业务发展受限，且由于股份制商业银行和农村商业银行成立时间不长，在机构网点、客户品质、经营范围等方面较国有商业银行来说都处于劣势。另一方面，国有商业银行继续深化改革，进一步完善公司治理，积极加快转型发展，不断提升管理水平、服务质量、风险防控水平和国际竞争力。同时，国家对国有商业银行加大支持力度，从资本支持、防范风险等角度给国有商业银行创造了更好的环境，大大提高了国有商业银行的资产质量，提高了国有商业银行的技术效率。虽然国有商业银行处在优势地位，但与股份制商业银行和农村商业银行间的差距正在逐渐缩小，这与股份制银行不断增长的资产规模以及银行业整体体系的逐步完善密不可分，截至 2017 年年底，5 家国有商业银行资产占比为 37.29%，比上年下降 1.92 个百分点，股份制商业银行、城市商业银行资产占比分别比上年提高 0.16 个百分点、0.78 个百分点，农村金融机构资产占比与上年持平。从技术进步角度来看，如图 5-12、图 5-15、图 5-18 所示，农村商业银行技术进步效率最低，未来应通过创新金融产品和金融服务形式，多渠道服务实体经济，加强农村“两权”抵押贷款总结宣传，助力农业供给侧结构改革。

表 5－21　2012—2017 年国有商业银行、股份制商业银行、农村商业银行经营效率及其分解

年份		国有银行	股份制银行	农村商业银行
2012—2013	MI	1.0123	0.8544	0.8942
	EC	0.9239	0.8176	1.0123
	TC	1.1625	1.0543	0.8824
2013—2014	MI	1.0068	1.0219	0.9523
	EC	0.9914	1.1202	1.1172
	TC	1.0156	0.9119	0.8123
2014—2015	MI	1.0058	0.8597	0.9212
	EC	1.0025	0.9072	0.9634
	TC	1.0019	0.9472	0.9523
2015—2016	MI	0.9953	0.9781	0.9134
	EC	1.0436	1.0988	0.8823
	TC	0.9559	0.8894	1.0423
2016—2017	MI	1.0393	0.9601	1.0326
	EC	1.0563	1.0256	1.0385
	TC	0.9814	0.9315	1.0000
2012—2017 平均值	MI	1.0119	0.9348	0.9423
	EC	1.0036	0.9939	1.0124
	TC	1.0234	0.9469	0.9325

资料来源：根据国泰安数据库，Wind 数据库整理。

表 5－21 为 2012—2017 年国有商业银行、股份制商业银行、农村商业银行经营效率及其分解，可以看出，在 2012—2017 年间，国有商业银行无论是经营效率还是技术效率和技术进步都明显高于股份制商业银行和农村商业银行，这也与上文各系统效率分解结果一致。同时，股份制商业银行经营效率与农村商业银行十分接近。

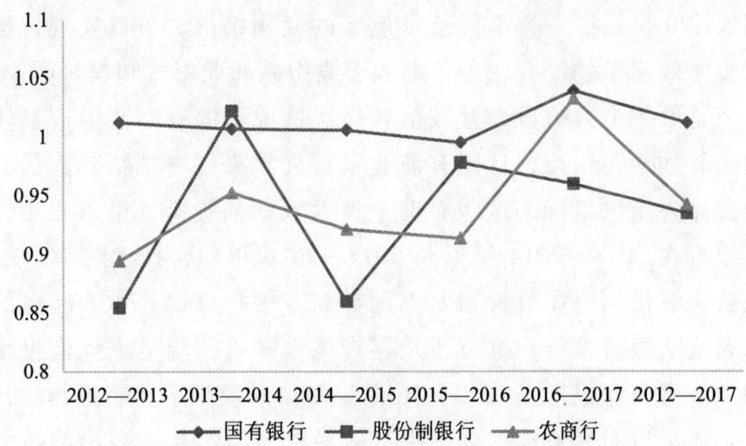

图 5－19 2012—2017 年国有商业银行、股份制商业银行、农村商业银行 MI 变化趋势

资料来源：根据国泰安数据库，Wind 数据库整理。

图 5－19 更形象地显示了国有商业银行、股份制商业银行和农村商业银行经营效率均值变化。这三种银行经营效率变化趋势有所不同，国有商业银行是平稳上升状态，股份制商业银行是波动上升状态，农村商业银行则处于先上升后下降状态。

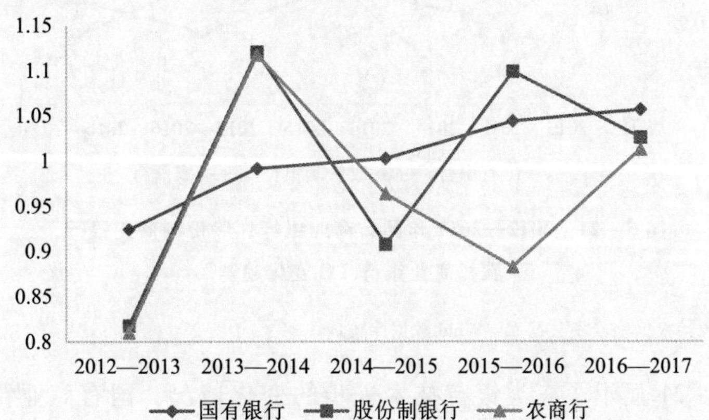

图 5－20 2012—2017 年国有商业银行、股份制商业银行、农村商业银行 EC 变化趋势

资料来源：根据国泰安数据库，Wind 数据库整理。

图 5 - 20 显示了三类银行技术效率的变化情况，可以发现，国有商业银行技术效率虽然没有在各年都大于股份制商业银行和农村商业银行，但整体还是处于上升阶段，且数值较高。这说明国有商业银行整体实力还是优于其他两类银行，且国有商业银行近年来一直把精减人员、整合网点资源作为重要目标，这些有助于技术效率的提高。可以发现，股份制商业银行在 2013—2014 年以及 2015—2016 年间，技术效率处于三类银行之首，股份制商业银行相对于国有商业银行来说，作为新兴的商业银行，无论从银行人员、机构还是存贷规模来看，应呈现规模报酬递增的趋势。农村商业银行在 2012—2017 年间技术效率变化趋势与股份制商业银行类似，说明其治理结构、决策体系以及组织构架等影响技术效率的因素相近或类似。三类银行技术效率的差距逐年缩小，说明行业规范和发展为经济社会发展创造良好的金融环境。

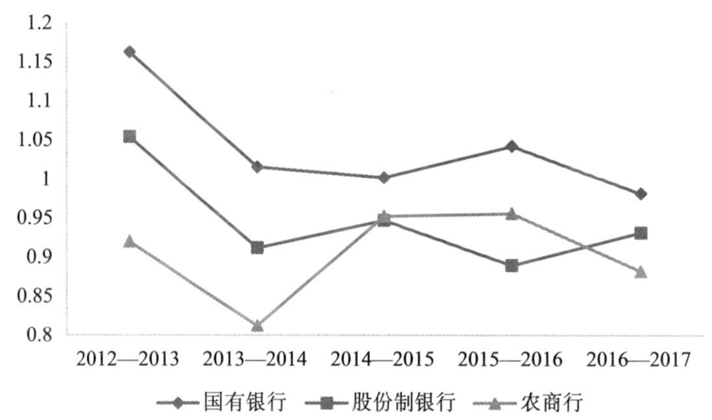

图 5 - 21　2012—2017 年国有商业银行、股份制商业银行、农村商业银行 TC 变化趋势

资料来源：根据国泰安数据库，Wind 数据库整理。

图 5 - 21 显示了三类银行技术进步的变化情况。国有商业银行技术进步一直处于三类银行之首，同时股份制商业银行技术进步的变化趋势类似国有商业银行。在当前情况下，我国商业银行技术效率的进步主要体现在采用高新技术设备、创新金融产品等。建设银行在上海的首家无人银行开门营业，浦发银行的小浦、交通银行的娇娇，新一代智能化业

务处理系统体现了商业银行技术在不断进步。这些一方面需要资金投入，另一方面也需要专业的人才。

5.4 实证结论

综合以上从三阶段网络 DEA 和 ESDA 方法得到的实证数据，可以归纳出以下几点初步结论：

1. 我国农村商业银行资金筹集子系统效率 2012—2017 年效率均值小于1，呈下降趋势。从全国层面来看，资金筹集子系统效率值小于 1 是主要是由于技术效率低下导致的，但其技术也是退步的，且退步程度与技术效率的降低程度相差无几。资金筹集子系统效率值大于 1 的商业银行数呈逐年上升的趋势，说明资金筹集子系统的效率下降幅度减小。从区域层面来看，东部地区相比于西部和中部地区，资金筹集子系统效率值最高，实现了样本期间的有效运行，且东部地区资金筹集子系统效率增长的主要推动力是技术进步，表明东部地区农村商业银行不断改进经营方式，创新或借鉴国外先进的技术手段显著提升了资金筹集能力。西部地区和中部地区资金筹集子系统效率年均值均小于 1，西部地区和中部地区资金筹集子系统效率下降的主要原因分别为技术效率的下降和技术的退步。西部地区和中部地区效率低下是导致资金筹集子系统效率下降的主要原因，而资金筹集子系统效率下降幅度逐年降低主要是由于东部地区效率上升拉动。

2. 我国农村商业银行资金运营子系统效率 2012—2017 年效率均值小于1，呈下降趋势。从全国层面来看，资金运营子系统效率值小于 1 主要是由于技术退步导致的。资金运营子系统效率值大于 1 的商业银行数呈逐年上升的趋势，说明资金运营子系统的效率下降幅度减小。从区域层面来看，东部地区相比于西部和中部地区，资金运营子系统效率值最高，实现了样本期间的有效运行，且东部地区资金运营子系统效率增长的主要推动力是技术效率的提高，说明国家采取的放松对农村商业银行分支机构运营资金要求等扶持政策，有利于东部地区这样经济发展环境较好区域的农村商业银行解决规模发展受限问题，使其壮大规模，在一定程度上提高了农村商业银行的规模效率。同时，经济发展环境良好区域的农村商业银行数量增长更快，加大了农村商业银行间竞争压力，促使农村商业银行通过采取系列有力措施不断提升盈利能力，进而提高经营效率。西部地区和中部地区资金运营子系统效率年均值均小于1，西部地区和中部地区资金筹集子系统效率下降的主要原因分别为技术的退步和技术效率的下降。西部地区和中部地区效率低下是导致资金运营子系统效率下降的主要原因，而资金运营子系统效率下降幅度逐年降低主要是由于东部地区效率上升拉动。

3. 我国农村商业银行服务应用子系统效率2012—2017年效率均值小于1，呈下降趋势。从全国层面来看，服务应用子系统效率值小于1主要是由于技术退步导致的。服务应用子系统效率值大于1的商业银行数呈逐年上升的趋势，说明服务应用子系统的效率下降幅度减小。从区域层面来看，东部地区和西部地区相比于中部地区，实现了样本期间的有效运行，且东部地区和西部地区服务应用子系统效率增长的主要推动力是技术效率的提高，东部地区技术效率的提高主要与其长期以来突出的资源整合能力相关，东部地区经济发展较快，使得农村商业银行能够更好地整合不同来源、不同层次、不同结构、不同内容的资源，对其进行选择、汲取、配置和有机融合，使之更具条理性、系统性和价值性，摒弃无价值的资源，形成新的核心资源体系，从而更好地服务“三农”发展。西部地区技术效率的提高则主要是由于一段时间以来以规模为核心的量的增长。中部地区服务应用子系统效率年均值均小于1，其效率下降的主要原因是技术效率的下降和技术退步。中部地区效率低下是导致服务应用子系统效率下降的主要原因，而服务应用子系统效率下降幅度逐年降低主要是由于东部地区和西部地区效率上升拉动。

4. 从时间演变的角度：一是在全国层面，资金筹集、资金运营、服务应用三个子系统效率小于1共同导致了我国农村商业银行经营效率均值小于1，且资金筹集效率过低是拉低农村商业银行经营效率的主要原因。资金筹集、资金运营、服务应用三个子系统技术退步是导致我国农村商业银行经营效率均值小于1的根本原因。二是在区域层面，东部地区相比于西部地区和中部地区，农村商业银行经营效率值最高，且均值大于1，实现了样本期间的有效运行。中部地区和西部地区经营效率低下是导致我国农村商业银行经营效率下降的主要原因。东部地区在资金筹集子系统、资金运营子系统、服务应用子系统的效率均值均大于1，说明东部地区农村商业银行发展得最好，拉动东部地区经营效率提高的因素主要是技术效率的提高。

5. 从区域联系的角度：农村商业银行经营效率相关性检验说明，我国农村商业银行经营效率存在正的交互作用，而且其交互作用越来越明显，也就是说，我国农村商业银行经营效率具有较明显的集聚特征，具有相近效率的农村商业银行相互影响，经营效率高的农村商业银行邻近的农村商业银行经营效率也高，高经营效率银行对周边银行有辐射作用。但农村商业银行经营效率的聚集性还不够大，总体差异虽有逐渐缩小的趋势，但距离全面平衡的发展还有很大差距。

6. 从行业差距的角度：一是在子系统层面，国有商业银行、股份制商业银行、农村商业银行的资金筹集子系统效率值都小于1，说明三类银行资金筹集子系统普遍存在效率低下的问题，主要原因是技术效率偏低，对于国有商业银行来说，营业网点、从业人员冗余是导致资金筹集子系统技术效率低下的主要原因，而对于股份制商业银行和农村商业银行来说，经营模式、管理体系等则是导致效率低下的主要原因。国有商业银行资金运营子系统和服务应用子系统五年间的效率值均大于1，而股份制商业银行和农村商业银行效率值均小于1，但可以发现，五年间股份制商业银行和农村商业银行各子系统效率平均值处于上升的状态。二是在整个经营系统层面，我国农村商业银行经营效率低于国有商业银行，与股份制商业银行经营效率相近。

5.5　本章小结

本章在农村商业银行效率理论框架基础上，结合构建的农村商业银行效率评价指标体系，以2012—2017年我国45家主要农村商业银行为样本，通过收集整理相关数据，采用三阶段网络DEA模型，结合

Malmquist 指数，首先，分别对我国农村商业银行资金筹集子系统、资金运营子系统、服务应用子系统三个子系统效率进行了评价分析。其次，对我国农村商业银行经营效率展开评价。最后，对我国农村商业银行经营效率与国有商业银行和股份制商业银行进行了比较分析。

6　我国农村商业银行经营效率影响因素及其作用分析

第5章对我国农村商业银行经营效率进行了测算，本章将在前文分析的基础上，首先，从理论上梳理了经济实力、投资规模、经济政策、通货膨胀、银行规模、资源配置、资本水平、资产质量、创新能力等因素影响我国农村商业银行经营效率的机理。其次，以测算出的农村商业银行经营效率为被解释变量，基于自体抽样稳健最小二乘估计，探索外部因素影响农村商业银行经营效率的方向和程度，基于系统GMM估计，探索内部因素影响农村商业银行经营效率的方向和程度，为提高我国农村商业银行经营效率提供数据支撑。

6.1　农村商业银行经营效率影响因素分析

根据系统论原理，农村商业银行作为一个系统，同样与环境存在千丝万缕的联系。根据前文对国内学者现有文献研究农村商业银行效率影响因素现状的梳理，发现影响农村商业银行经营效率的因素主要集中在两个方面：外部因素和内部因素。

优良的外部环境是农村商业银行有序高效运营的前提和保障，农村商业银行作为服务“三农”发展的特殊商业银行，其高效运营更离不开良好稳健的宏观经济环境。同时，银行作为特殊的企业，具有周期性运营的特点，其效率与商业周期有较大的关系，经济政策、通货膨胀等对农村商业银行来说都是带来经济风险的因素，特别是经济政策并不是风险中性的[151]，经济政策尤其是货币政策是对金融稳定产生影响的最重要的系统性因素，其变化会带来农村商业银行经营效率的变化。因此，农村商业银行经营效率的外部影响因素可以分为经济发展因素和经济风险因素，经济发展因素包括经济实力、投资规模，经济风险因素包括经济政策、通货膨胀。

内部环境对农村商业银行效率的影响主要是不同自身经营发展安排下的农村商业银行效率不同。随着经济发展进入新常态，经济结构转型升级和战略调整不断深入，农村商业银行信用风险不断增加，同时，利率市场化改革的稳步实施又使得农村商业银行的盈利能力有所下降，农村商业银行的边际资本效率降低造成经其营效率面临降低的压力，农村商业银行长期以来依靠高资本消耗、重资产运行的发展战略和经营模式已经凸显出一定的问题，轻资本、轻资产应逐渐成为农村商业银行发展战略转型的关键和核心，农村商业银行发展规模、资源配置等发展战略的选择会带来农村商业银行经营效率的变化。同时，实施轻资本、轻资产发展战略和经营模式，要求农村商业银行在单位资本下行稳致远，还要通过业务种类和业务模式的创新转变单纯依靠追求资产扩张、表内业务资本高消耗发展惯性，农村商业银行经济资本的管理水平和农村商业银行的创新能力对于其经营效率的变化也非常关键。因此，农村商业银行内部影响因素可以分为发展战略因素、管理水平因素和创新能力因素，发展战略因素包括银行规模、资源配置，管理水平因素包括资本水平、资产质量。

最终，构建农村商业银行经营效率的影响因素体系，如图 6 - 1 所示。

1. 经济发展因素。一是经济实力。是对国家或地区经济状况的有效衡量，通常用国内生产总值代表国家或者某一地区的经济实力，是指在一定时期内，国家或某一地区的所有常驻单位，生产的全部最终产品和服务价值的总和。

二是投资规模。是指国家一定时期的投资总量，一般指固定资产投资。投资规模过小，就不能保证经济的正常发展和人民生活水平的不断提高。投资规模过大有利于扩大短期的经济发展，但会挤掉生产和压缩人民生活供应，对长远的经济、社会发展不利，保持适度的投资规模对国民经济和社会发展具有决定性作用。要做到适度必须合理安排好年度投资规模并处理好年度投资规模和在建投资总规模之间的关系。年度投资规模是指国家在一个年度中用于固定资产的投资额，反映国家在该年

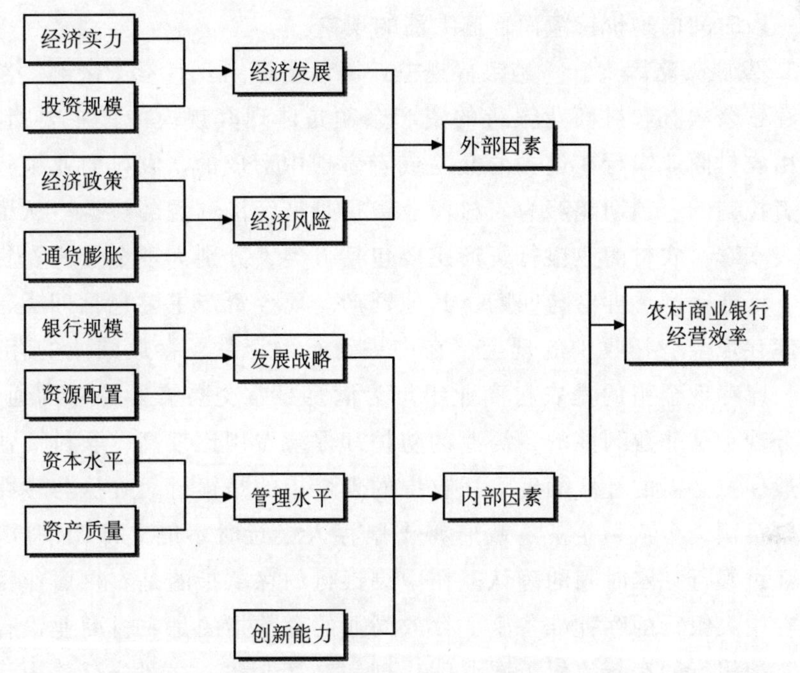

图 6-1 农村商业银行经营效率的影响因素

度中用于固定资产再生产的人力、物力、财力的数量，在建投资总规模是当年施工的建设项目全部建成所需的投资总额。

2. 经济风险因素。一是经济政策。国家经济政策的宏观目标是充分就业、价格水平稳定、经济快速增长和国际收支平衡。经济政策就是国家或政府为了达到这一宏观经济政策目标，为了经济福利增进而制定的解决经济问题的指导原则和措施。经济政策的制定和实施的关键是要保持连续性和一定的“弹性”，左右摇摆的经济政策必然会损害经济运行，经济必须随着经济运行情况的变化做出相应的调整。经济政策可以分为宏观经济政策和微观经济政策。宏观经济政策主要有财政政策、货币政策、收入政策等，微观经济政策主要是指政府制定的一些干预市场运行的立法、环保政策等。

二是通货膨胀。通货膨胀的实质就是全社会的总需求超出全社会的总供给，是指在货币流通的条件下，由于货币供给量超出货币的实际需求量，也就是现实的购买力超出产出的供给量，从而导致货币的贬值，引起一段时间内物价持续而普遍上涨的现象。

3. 发展战略因素。一是银行规模。衡量指标主要有资产余额、总收入、存款余额。农村商业银行的资产余额是体现其规模的最主要指标，就是由农村商业银行在过去的交易或者事项中形成的、农村商业银行拥有或者控制的、预期能够为农村商业银行带来经济利益的资源。从资产负债表来看，农村商业银行资产主要包括五类，分别为现金资产、贷款资产、证券资产、拆借与回购、其他资产。现金资产主要包括四类，分别为库存现金、托收中的现金、在中央银行的存款、存放同业的存款。其中，库存现金指的是农村商业银行为满足日常交易需要持有的通货，这部分现金是非盈利性的，需要的防护和保险费用比较高，农村商业银行一般保留必需的最低额度。托收中的现金指的是银行间确认与转账中的支票金额，个人、企业、政府将支票存入银行时不能立即调动款项，需要经过银行一定时间的确认。在中央银行的存款指的是农村商业银行存放在中央银行的存款准备金。存放同业的存款指的是农村商业银行存放在其他银行的存款，便于同业间代理和结算业务，这部分存款为活期存款，可作为运营资金的一部分。贷款资产是农村商业银行发放的贷款，是农村商业银行最主要的资产。证券资产是农村商业银行持有的具有较强流动性、容易变现的证券。拆借与回购是资产负债表单独列出的资产，是农村商业银行一种特殊的贷款。其他资产是指农村商业银行的房产、设备、机器，以及其他相对来说不重要的资产。

二是资源配置。农村商业银行的资源配置主要是指农村商业银行对现有资源的调配和使用，主要是信贷资源配置情况、资产流动性情况、综合盈利能力、费用率情况等，农村商业银行最主要的资源配置就是信贷资源配置。

4. 管理水平因素。一是资本水平。农村商业银行资本水平是指农村商业银行拥有的能永久支配使用资金的水平，是农村商业银行从事各类经营活动必须注入的资本金。按照所有权性质分类，资本水平可以分为两类，一是农村商业银行的自有资本，二是通过吸收存款的借入资本。农村商业银行的资本主要是借入资本。

二是资产质量。现阶段，农村商业银行的风险主要来自于贷款，所以农村商业银行贷款质量基本等同以资产质量。商业银行资产有五级分类，按照资产质量由高到低分为正常、关注、次级、可疑、损失五类，不良贷款是指后三类。

5. 创新能力因素。创新能力是农村商业银行重新组合现有资源的能力，具体表现为农村商业银行通过对产品、服务、技术、制度、管理等资源的优化、更新和创造，不断挖掘潜在利润的能力，进而为农村商业银行的发展提供不竭动力。

6.2 不同因素影响农村商业银行经营效率的机理分析

1. 经济发展影响农村商业银行经营效率的机理。一是经济实力对农村商业银行经营效率的影响。农村商业银行是经济体系的组成部分，宏观经济情况是农村商业银行业务开展的基础条件，宏观经济情况的变化会直接决定、影响农村商业银行的经营状况。当宏观经济处于繁荣时期，经济环境和市场环境都很活跃，相应地市场需求就会变得旺盛，企业的生产和投资需求也会随之攀升，农村商业银行能够解决企业的资金短缺问题，企业就会通过农村商业银行获得间接融资，从而促进贷款这一农村商业银行最主要资产业务量的攀升，农村商业银行的盈利空间也会随着贷款业务的增长得到提升，进而促进农村商业银行经营效率提升。

相反，当经济处于萧条或衰退时期，市场交易需求会相应地缩减，农村商业银行贷款等资产业务量也会缩减，导致农村商业银行经营效率降低。

根据以上分析，经济实力影响农村商业银行经营效率的机理如图6-2所示。

二是投资规模对农村商业银行经营效率的影响。投资规模的增加主要是提高固定资产投资，而固定资产投资的融资方式主要来自商业银行贷款的间接融资，特别是第一产业固定资产投资的增长，会拉动农村商业银行增加贷款业务，进而促进农村商业银行经营效率的提升。

固定资产投资能够有效带动相关产业和本地企业发展，特别是第一

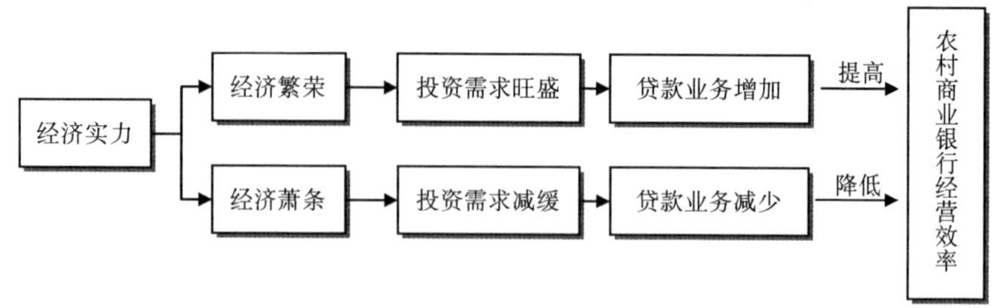

图6－2　经济实力影响农村商业银行经营效率的机理

产业固定资产投资的增长，会带动第一产业和本地相关企业的发展，带动农产品精深加工、休闲农业乡村旅游、农村电商、农业废弃物资源化利用等新业态新产业固定资产投资的增加，能够带来更多的就业岗位，本地居民有更多的就业机会，农村商业银行目标客户群体不断扩大，促进农村商业银行经营效率的提升。

根据以上分析，投资规模影响农村商业银行经营效率的机理如图6－3所示。

2. 经济风险影响农村商业银行经营效率的机理。一是经济政策对农村商业银行经营效率的影响。我国的宏观经济政策能够严重影响农村商业银行贷款去向及收入的获得。宏观经济政策作为宏观经济运行的引导和调控手段，会同经济周期产生相互作用和影响，并对微观经济实体产生作用。宏观经济政策通常与经济周期逆向变动。当宏观经济政策进行调整时，作为传导中介机构之一，农村商业银行会通过信贷手段将调控目标充分反映出来。

在宏观政策周期下，农村商业银行是传导货币政策的中介，农村商业银行经营效率与国家宏观政策特别是货币政策息息相关。一般情况下，在政策周期的扩张期，银根放松，宽松的经济政策会促进农村商业银行加大信贷投放，扩张经营规模，增设网点，我国农村商业银行最主要的获利方式就是存贷款业务，宽松的经济政策将会给农村商业银行带来更多的获利空间，农村商业银行经营收益会明显上升。另外，稳健宽松的经济政策往往意味着经济处于上升期，国家通常会配合实施宽松的财政政策，从而带动投资水平的提高，因此产生新的贷款需求，促进农村商

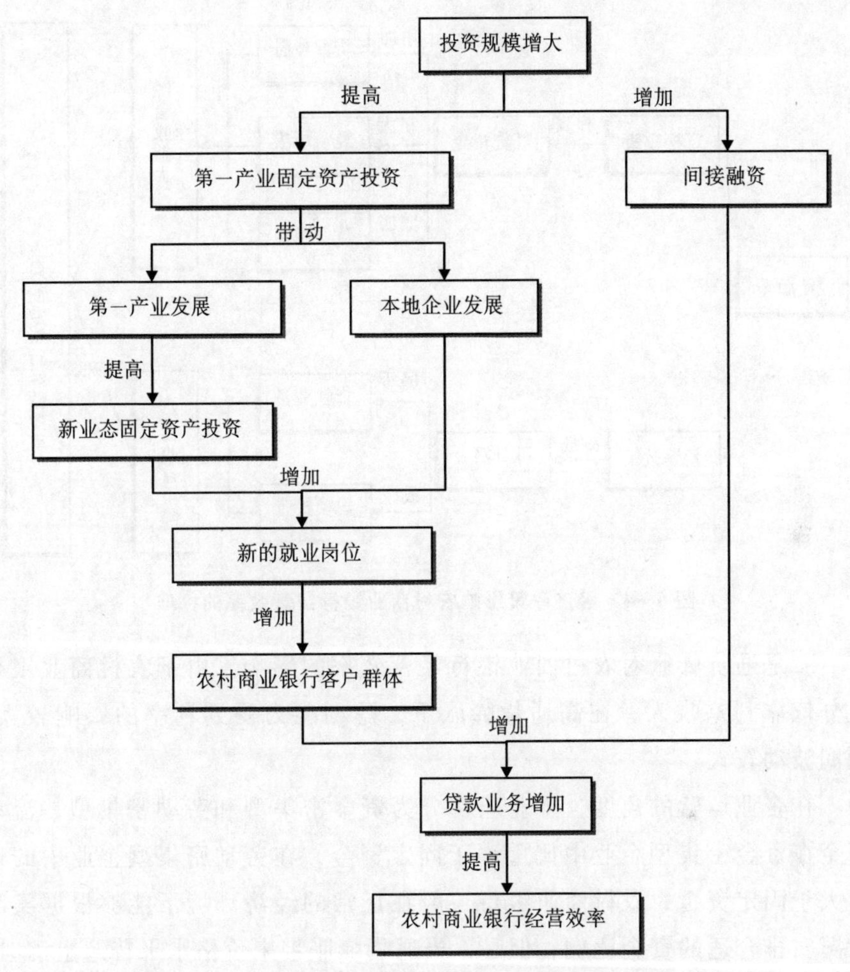

图6－3　投资规模影响农村商业银行经营效率的机理

业银行效率提升。

相反，在政策周期的紧缩期，尤其是紧缩的货币政策，客观上放缓了农村商业银行规模扩张的速度，农村商业银行一般会上收贷款权，对流动资金的贷款也相对减少，导致农村商业银行经营效率降低。

根据以上分析，经济政策影响农村商业银行经营效率的机理如图6－4所示。

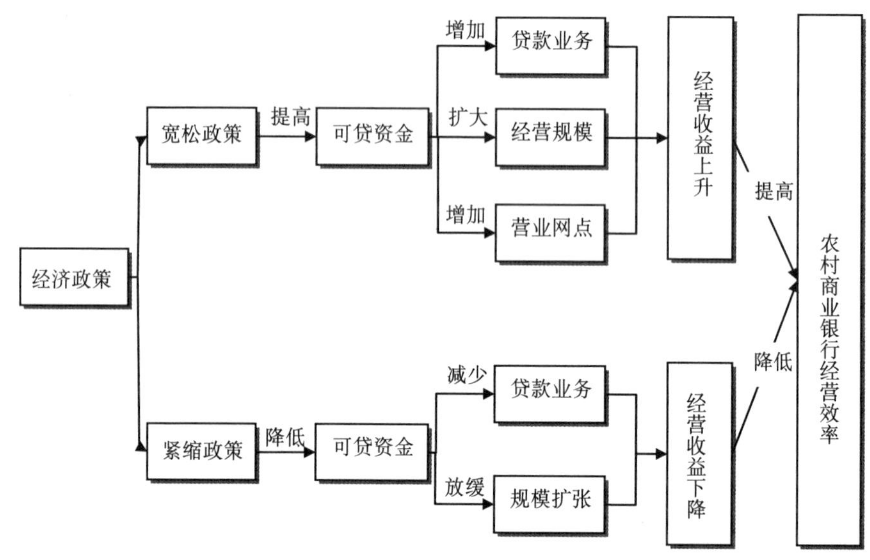

图 6-4　经济政策影响农村商业银行经营效率的机理

二是通货膨胀对农村商业银行经营效率的影响。由于农村商业银行过分依靠利差收入，在高通货膨胀下，盈利能力受到利率的影响较大，利润波动较大。

在企业运营的角度，企业通常分为资金密集型和劳动密集型，流动资金在资金密集型企业中比重小于固定资金，在劳动密集型企业中的比重大于固定资金，农村商业银行一般在正常的经济环境下能够根据实际状况安排合适的资金比例，但是，当通货膨胀带来价格水平普遍上涨时，资金和劳动密集型企业都会在贷款增加额中增加流动资金的比重，这样会在长远上从两个方面对农村商业银行信贷结构产生影响，一方面是短期信贷的急剧增加会对农村商业银行的现金流产生影响，流动性风险的骤然加大会使农村商业银行的可贷资金减少，贷款业务相应缩减，导致农村商业银行的经营效率降低。另一方面是由于农村商业银行长期贷款收入高于短期贷款，长期贷款业务的减少会影响农村商业银行的贷款收益，进而导致农村商业银行经营效率降低。

在居民收入的角度，高通货膨胀会导致公众降低存款信心，人们会放弃储蓄，而将货币置换成房产等其他商品，或者有可能导致长期以储蓄为主要投资方式的人们将储蓄资金投向比储蓄回报更高的理财产品，实现资金保值增值，以此来抵消实际购买力降低，这就可能影响到农村商业银行的负债业务和中间业务。也就是说，高通货膨胀可能一方面导致农村商业银行存款负债减少，农村商业银行可贷资金就会相应的减少，贷款业务缩减，农村商业银行盈利能力下降，导致农村商业银行经营效率降低；另一方面可能导致农村商业银行代理中间业务的利润水平上升，但由于现阶段农村商业银行的中间业务十分匮乏，所以从整体上看高通货膨胀依然会带来农村商业银行经营效率的降低。

在宏观政策的角度，通货膨胀预期会促使国家实行紧缩的货币政策和稳健的财政政策，导致农村商业银行的资金流受到影响，可贷款资金减少，贷款业务缩减，农村商业银行盈利能力下降，导致农村商业银行经营效率降低。

根据以上分析，通货膨胀影响农村商业银行经营效率的机理如图6－5所示。

3. 发展战略影响农村商业银行经营效率的机理。一是银行规模对农村商业银行经营效率的影响。从规模经济的角度，可以解释农村行业银行规模与农村商业银行效率之间的关系。随着银行人员数量、网点机构、业务规模、金融产品的不断壮大，银行的单位运营成本会下降，单位收益会提升，银行达到规模经济状态。银行实现规模经济的途径主要有两个，一方面是通过人员增加、分支机构增设、营业范围扩大等内部扩充行为实现银行规模扩大。另一方面是通过兼并、并购等外部扩充行为实现银行规模扩大。通常银行自身收益、经济实力、资本积累速度等限制内部扩充，而外部扩充能够在短期内迅速实现。

对于单一农村商业银行，银行规模的扩大有利于农村商业银行单位固定成本的降低，促进农村商业银行应用新技术、提高银行声誉、吸引优秀金融人才，降低农村商业银行业务的边际成本，能够满足客户多样化的贷款需求，越容易形成规模效应，抗风险能力越强，促进农村商业银行利润提高，从而提高经营效率。

但是，当农村商业银行规模达到一定限度后，农村商业银行规模不经济就会出现。对于单个农村商业银行，可能银行规模扩大是由于过度

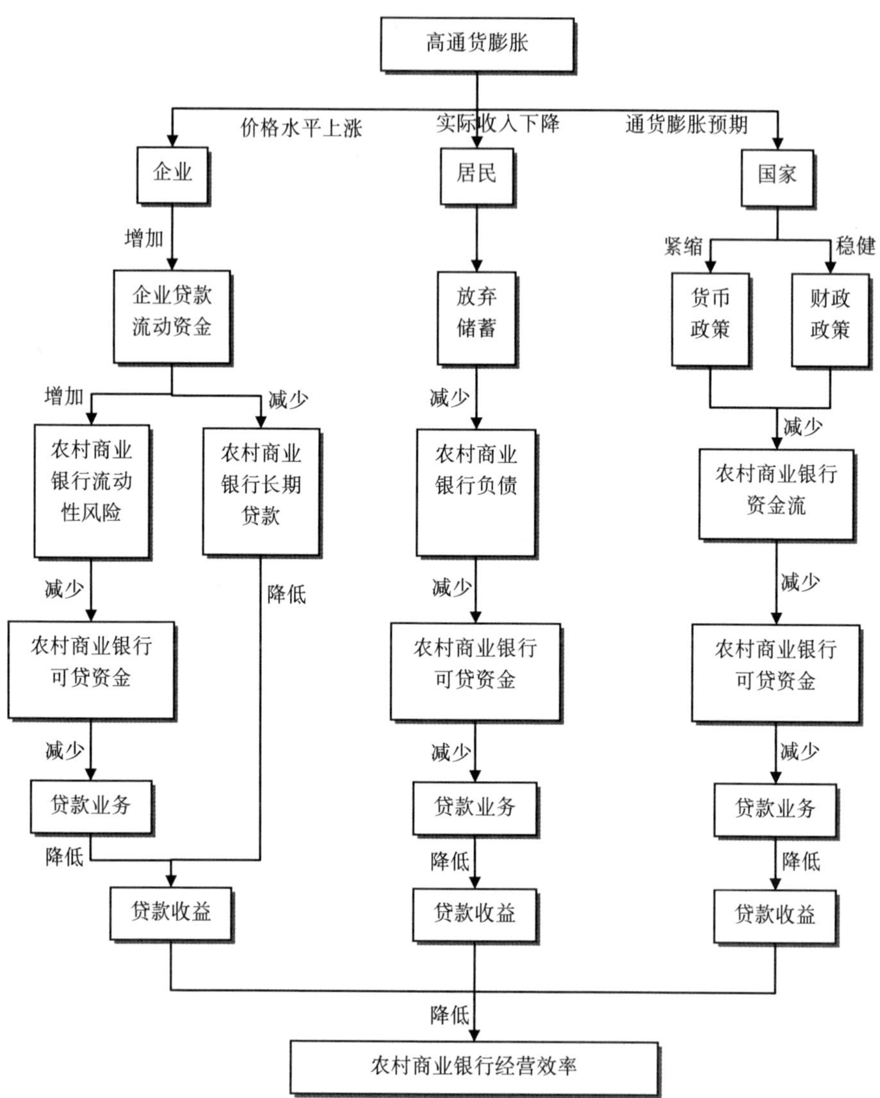

图6-5 通货膨胀影响农村商业银行经营效率的机理

放贷带来的，为今后贷款回收埋下巨大隐患，同时，银行规模越大，交易成本越高，都可能会损害农村商业银行经营效率。

根据以上分析，银行规模影响农村商业银行经营效率的机理如图6-6所示。

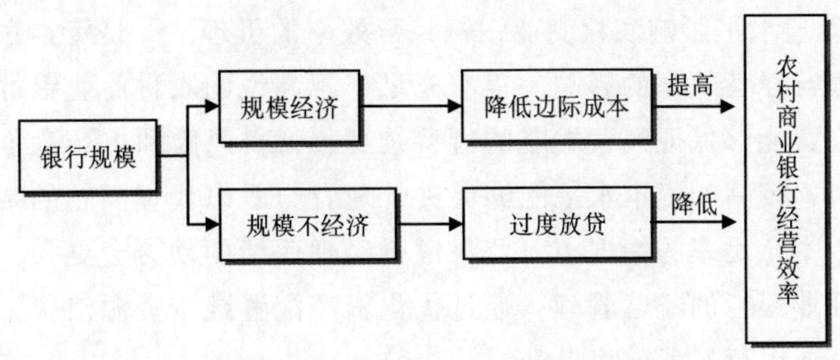

图 6－6 银行规模影响农村商业银行经营效率的机理

二是资源配置对农村商业银行经营效率的影响。资源配置与农村商业银行经营效率的关系也是比较明确的。农村商业银行最主要的资源配置指标就是存贷比，反映农村商业银行资产流动性程度。

从农村商业银行发展目标来看，农村商业银行追求利润最大化，存贷比越高，存贷利差就越大，农村商业银行资产流动性越高，经营效率也会得到改善。

从农村商业银行风险控制来看，存贷比也不是越高越好，农村商业银行客户日常现金结算业务需要一定数量的库存现金来满足，如果农村商业银行的存贷比过高，库存现金就会不足，如遇特殊情况可能导致支付危机，也就是说，过高的存贷比会导致由流动性风险带来的农村商业银行经营效率降低。

根据以上分析，资源配置影响农村商业银行经营效率的机理如图 6－7所示。

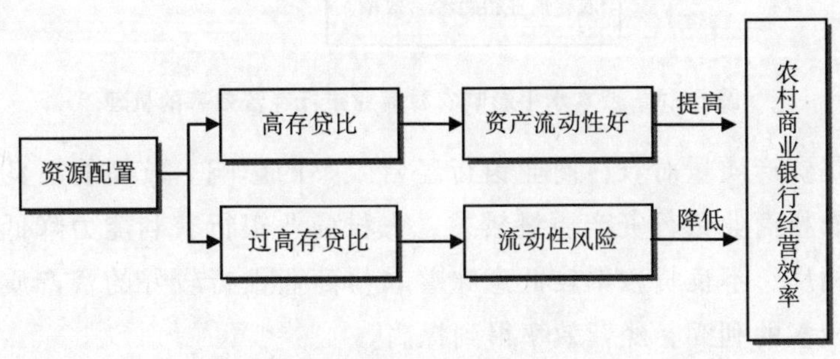

图 6－7 资源配置影响农村商业银行经营效率的机理

4. 管理水平影响农村商业银行经营效率的机理。一是资本水平对农村商业银行经营效率的影响。资本充足率越高说明农村商业银行业务安全性越高，能够保证经营战略的可持续性，抵御风险和市场竞争能力较强，同时，较高的资本水平能够促进管理者与股东代理问题的减轻，股东在高资本充足率的情况下，监督银行经理业绩的动力会更大，会加强对农村商业银行的经营管理，通过优化资产配置减少资源浪费，从而促进农村商业银行经营效率提升。

根据以上分析，资本水平影响农村商业银行经营效率的机理如图6－8所示。

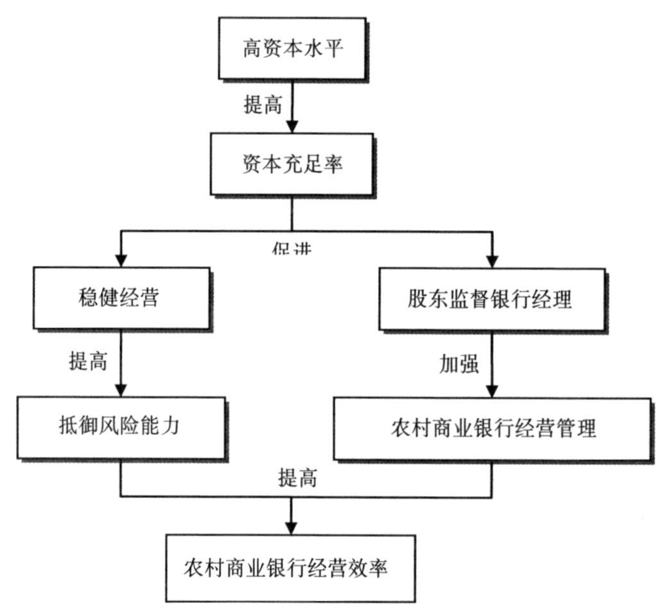

图6－8 资本水平影响农村商业银行经营效率的机理

二是资产质量对农村商业银行经营效率的影响。较高的不良贷款率意味着农村商业银行资产质量较差，农村商业银行获利能力降低，效率低下；相反，不良贷款率较低意味着农村商业银行较好的资产质量，进而产生较多的利润，经营效率得到提高。

资产质量与农村商业银行效率的关系并没有异议，资产质量越好，风险越小，越能促进农村商业银行经营效率的提升。

如果农村商业银行不良贷款率较高，贷款损失的可能性就更大，从而严重影响农村商业银行的盈利能力，同时，也阻止了农村商业银行再次放贷，增加农村商业银行贷款成本和融资成本。另外，由于不良贷款的增加，农村商业银行不得不提取更高比例的贷款损失准备金，来预防贷款损失发生，无形中又占用了农村商业银行的一部分资金，增加其机会成本。

根据以上分析，资产质量影响农村商业银行经营效率的机理如图6－9所示。

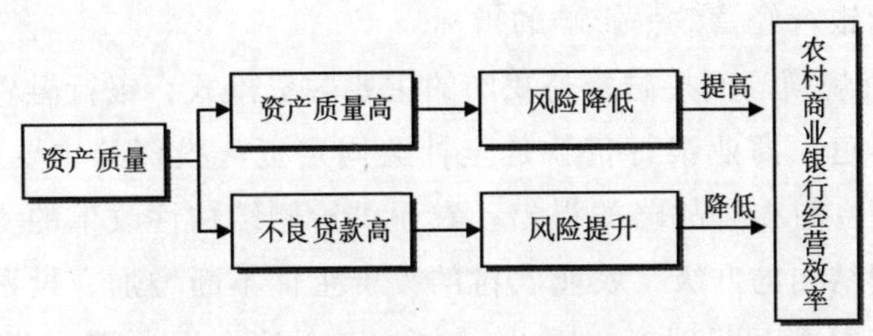

图6－9　资产质量影响农村商业银行经营效率的机理

5. 创新能力影响农村商业银行经营效率的机理。金融创新会促进农村商业银行突破传统的盈利模式，改变以存贷利差为主要收入来源的现状，提高银行营业利润，降低交易成本，进而提高银行经营效率。

现阶段，农村商业银行的收入仍然是以利息收入为主，但农村商业银行通过创新能力的提升，可能会转变传统盈利模式，不再以利差收益为唯一收入来源，拓宽盈利渠道，新的增长点得到开辟，降低交易成本，有利于提高农村商业银行的经营效率。

根据以上分析，创新能力影响农村商业银行经营效率的机理如图6－10所示。

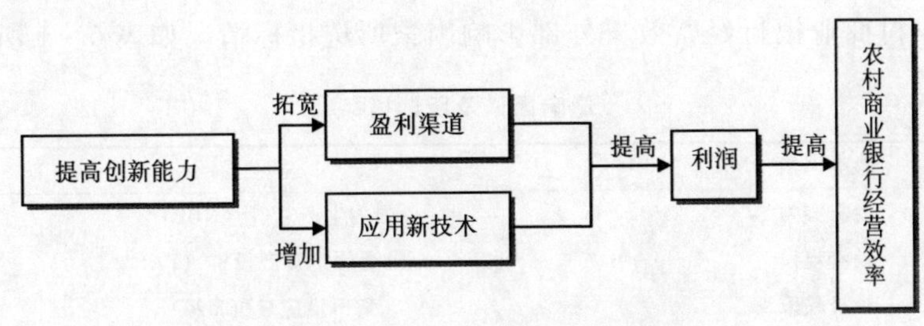

图6－10　创新能力影响农村商业银行经营效率的机理

6.3 外部影响因素分析

6.3.1 指标的选取

1. 经济实力。国内生产总值（GDP）的体量大小能说明一个经济体的经济实力。因此，本书选择国内生产总值（GDP）作为测量经济实力对农村商业银行经营效率影响的指标。

2. 投资规模。间接融资是我国的主要融资模式，银行融资是企业融资的主要渠道，商业银行贷款是全社会固定资产投资的主要资金来源，特别是随着乡村振兴战略的提出、农业供给侧结构性改革的实施以及城乡居民消费结构的升级，农业农村的投资主体不断增加、投资领域不断拓宽、投资方式不断创新。因此，本书把全社会固定资产投资（FAI）作为测量投资规模对农村商业银行经营效率影响的指标。

3. 经济政策。当前，我国金融体系仍然以商业银行为主体，货币政策主要的传导媒介就是商业银行，货币政策的调整将会直接影响到商业银行的经营管理，而货币供应量是政府采取货币政策的重要控制变量，对通货膨胀程度和金融市场利率具有重要影响，因此，本书选择货币供应量（M2）作为测量经济政策对农村商业银行经营效率影响的指标。

4. 通货膨胀。目前，衡量一国通货膨胀的指标通常是居民消费价格指数（CPI），居民消费价格指数（CPI）能够反映消费者对未来的价格预期，以及对未来经济的信心，因此，本书选择居民消费价格指数（CPI）作为测量通货膨胀程度对农村商业银行经营效率影响的指标。

农村商业银行经营效率外部影响因素所选指标情况如表6-1所示。

表6-1　影响因素及所选指标

影响因素	说明
经济实力	国内生产总值（GDP）
投资规模	全社会固定资产投资（FAI）
经济政策	货币供应量（M2）
通货膨胀	居民消费价格指数（CPI）

6.3.2 模型的构建

本书采用最小二乘法（OLS）进行回归分析，以上一章测算的农村商业银行效率为被解释变量，以 GDP、FAI、M2、CPI 为解释变量，构建如下模型：

$$GML_t = \alpha_0 + \alpha_1 GDP_t + \alpha_2 FAI_t + \alpha_3 M2_t + \alpha_4 CPI_t + \varepsilon_t \tag{6-1}$$

式中，GML_t 是样本农村商业银行第 t 年的效率，GDP、FAI、M2、CPI 分别为国内生产总值、全社会固定资产投资、货币供应量、居民消费价格指数。

本书采用自体抽样法稳健性标准误解决回归中可能出现的自相关以及异方差问题，其基本思想是假设样本从母体中随机抽取，并通过反复从样本中抽样来模拟母体的分布。

6.3.3 实证结果及分析

基于建立的回归模型，实证结果显示拟合度达到 83.63%，效果较好，如表 6－2 所示。

表 6－2　　农村商业银行效率外部环境影响因素回归结果

变量	回归结果	变量	回归结果
GDP	0.062* (1.93)	CPI	−0.106*** (−2.90)
FAI	−0.009 (−1.45)	_cons	0.118 (0.30)
M2	0.041* (1.71)	R^2	0.8363

注：*、**、***分别表示通过 10%、5% 和 1% 的显著性水平检验。

由表 6－2 可以得出以下几点结论：

1. 国内生产总值指标（GDP）的系数为正，且通过了 5% 的显著性检验，说明 GDP 与农村商业银行效率之间存在显著的正相关关系。这主要是因为，GDP 水平高说明地区经济发展水平高，同时，我国市场融资以间接融资为主，此时，经济主体对资金的质量和数量产生更好更多的需求，推动农村商业银行不断完善自身服务，创新金融产品，进而提高农村商业银行经营效率。方长丰等（2011）[152]、张庆君等（2017）、罗蓉等（2017）发现GDP增长率对商业银行效率有正向影响。陈诗一等（2018）发现GDP增长率对商业银行效率有显著正向影响，认为位于经济繁荣地区的商业银行获取新技术更容易，国有商业银行效率更高是由于其享受的政策更加有利。刘笑彤等（2017）发现国内生产总值对商业银行技术效率有正向影响。安辉等（2017）[153]发现国内生产总值对商业银行规模效率有正向影响，认为经济总量的快速增长能够促进商业银行存款供给和贷款需求增加。冯璐等（2018）[154]发现经济发展水平（GDP）对商业银行利润效率有显著的正向影响，认为经济的高速发展能够促进商业银行利润效率的提升。本书得出的结论与理论预期相符，也与学者们对相同影响因素对发展比较成熟的国有商业银行、股份制商业银行、上市商业银行等效率影响的研究结论一致。

2. 全社会固定资产投资指标（FAI）系数为负，未通过显著性检验。我国的融资主要来自于国有商业银行以及资本实力较为雄厚的城市商业银行的间接融资，针对农村商业银行的社会融资占比非常小。同时，随着固定资产投资规模的不断扩大，银行贷出款项越来越多，管理难度越来越大，拉低综合效率。因此，全社会固定资产投资系数为负且对农村商业银行效率没有显著的影响。王正耀等（2018）发现全社会固定资产投资对上市商业银行经营效率有不显著的正向影响。本书得出的结论与理论预期不相符，也与学者们对相同影响因素对发展比较成熟的国有商业银行、股份制商业银行、上市商业银行等效率影响的研究结论也不一致，说明农村商业银行与其他商业银行的差距较大，仍需努力提升社会融资占比。

3. 货币供给量（M2）系数为正，通过了10%的显著性检验，说明货币供应量对农村商业银行效率具有显著的正向影响。货币供应量主要通过影响信贷投放实现对农村商业银行经营效率的影响。货币供应量的增加带来农村商业银行可贷资金的增加，将使以息差收入为主要利润来源的农村商业银行获得更多的收益，从而提高资金运营子系统效率，进而提升经营效率。刘笑彤等（2017）发现货币供给量对商业银行技术效率有正向影响。本书得出的结论与理论预期相符，也与学者们对相同影响因素对发展比较成熟的国有商业银行、股份制商业银行、上市商业银行等效率影响的研究结论一致。

4. 消费者价格指数（CPI）的系数为负，且通过了5%的显著性检验，说明CPI指数与农村商业银行效率之间存在显著的负相关关系。导致这种负相关关系的原因有可能是样本期间内农村商业银行经营效率的增长无法抵消通货膨胀所带来的负面影响，通货膨胀对银行业利润起到侵蚀作用。罗蓉等（2017）发现通货膨胀对商业银行经营效率有负向影响。陈诗一等（2018）发现通货膨胀对商业银行效率有负向影响，认为通货膨胀导致利率上升，农村商业银行的利率成本加大，不利于商业银行效率提升。刘笑彤等（2017）发现通货膨胀对商业银行技术效率有负向影响。本书得出的结论与理论预期相符，也与学者们对相同影响因素对发展比较成熟的国有商业银行、股份制商业银行、上市商业银行等效率影响的研究结论一致。

6.4 内部影响因素分析

6.4.1 指标的选取

1. 银行规模。本书选择农村商业银行资产总额的对数（ln_ Tasset）作为测量银行规模对农村商业银行经营效率影响的指标。

2. 资源配置。存贷利差是我国农村商业银行主营业务收入的主要来源，即资金运营子系统贷款利率与资金筹集子系统存款利率的差值，农村商业银行的利差管理即可反映农村商业银行的资源配置。通常存贷比作为反映商业银行流动性的指标，代表银行资源配置。王克强等（2018）发现较高的存贷比会促进农村商业银行效率提升。因此，本书选择农村商业银行的贷存比（DL）作为测量资源配置对农村商业银行经营效率影响的指标。

3. 资本水平。《巴塞尔协议III》对商业银行经营稳定性提出了具体要求，核心一级资本、一级资本、总资本的充足率应分别不低于4.5%、6%、8%。农村商业银行资本充足率指标较难获取，因此，本书参照国内学者常用做法，选择自有资本比率作为测量农村商业银行资本水平对农村商业银行经营效率影响的指标，并将自有资本比率（EA）定义为所有者权益占资产总额的比重。

4. 资产质量。农村商业银行最重要的资产业务和利润来源就是贷款业务，贷款质量在一定程度上决定了农村商业银行所面临的风险，而不良贷款能够反映贷款质量。因此，本书选择不良贷款率（Ploan）作为测量资产质量对农村商业银行经营效率影响的指标。

5. 创新能力。农村商业银行金融创新包括金融产品、服务、管理手段、技术手段及新市场的开辟等。近年来，商业银行的业务和服务等创新层出不穷，中间业务创新逐步成为商业银行创新的重要方面，商业银行中间业务收入占总收入的比重不断提升，中间业务收入成为反映商业银行创新能力的指标之一，既反映商业银行多元化经营的程度，又反映商业银行拓展非利息业务的创新能力。当前，我国农村商业银行收入结构比较单一，中间业务占银行业务的比例还有待提升。因此，本书将农村商业银行中间业务收入用非利息收入来替代，选择非利息收入与总收入的比值作为测量创新能力（Innovation）对农村商业银行经营效率影响的指标。

农村商业银行经营效率内部影响因素所选指标情况如表6-3所示。

表6-3　影响因素及所选指标

影响因素	说明
银行规模	资产总额的对数（ln_ Tasset）
资源配置	存贷比（DL）
资本水平	自有资本比率（EA）（所有者权益/资产总额）
资产质量	不良贷款率（Ploan）
创新能力	非利息收入/总收入（Innovation）

6.4.2 模型的构建

本书基于动态面板数据模型，采用系统GMM估计，使用稳健标准差（允许ε_{it}存在异方差）回归分析我国农村商业银行效率的内部环境影响因素，以上一章测算的农村商业银行效率为被解释变量，以农村商业银行资产总额的对数、存贷比、所有者权益与资产总额的比重、不良贷款率、非利息收入与总收入的比值为被解释变量，模型构建如下：

$$y_{it}=\alpha+\rho y_{i,t-1}+x'_{it}\beta+z'_{i}\delta+u_{i}+\varepsilon_{it}\quad (t=2,3,\cdots,T)\quad (6-2)$$

其中，y_{it}是农村商业银行效率，y_{it-1}是被解释变量的一阶滞后项，x_{it}分别为农村商业银行资产总额的对数、存贷比、所有者权益与资产总额的比重、不良贷款率、非利息收入与总收入的比值，即解释变量矩阵。

6.4.3　实证结果及分析

回归结果如表6-4所示，是两个系统GMM估计的实证结果，根据模型I的结论删去最不显著的自由资本比率变量（EA）后得到模型II。从检验结果可以看出，两个模型都拒绝“$\{\varepsilon_{it}\}$无自相关”的原假设，表明了系统GMM的适用性。另外，模型I的检验结果强烈拒绝“所有工具变量都有效”的原假设，说明某些工具变量与扰动项相关，并不是有效的工具变量，模型II的检验结果显示可以在5%的水平上接受原假设，说明模型设定合理，能够进行系统GMM估计。所以，基于上述检验结果，对模型II的回归结果进行详细分析，如表6-4所示。

表6-4　农村商业银行效率的内部环境影响因素回归结果

变量	模型I				模型II			
	参数估计	标准误	z值	P>|z|	参数估计	标准误	z值	P>|z|
GML L1.	-0.1444***	0.0375	-3.85	0.000	-0.1387***	0.0373	-3.72	0.000
ln_ Tasset	0.1626**	0.0478	2.34	0.026	0.1697***	0.0473	3.58	0.000
DL	-2.9975*	1.7758	-1.69	0.091	-3.6047**	1.4426	-2.50	0.012
Ploan	-0.2644*	0.1378	-1.92	0.055	-0.2455*	0.1352	-1.81	0.070
Innovation	0.6415	0.1226	5.23	0.000	0.5366*	0.1208	4.97	0.094
EA	-3.9006	4.4167	-0.88	0.377				
_ cons	6.0764***	1.9364	3.14	0.002	6.2481***	1.7768	3.52	0.000
自相关检验	z=-0.22007　P=0.8258				z=-0.18232　P=0.8553			
过度识别检验	chi2=84.02056　P=0014				chi2=46.83873　P=0.0559			

注：*、**、***分别表示通过10%、5%和1%的显著性水平检验。

1. 银行规模指标（ln_ Tasset）系数为正，且通过了5%的显著性检验。说明农村商业银行资产规模与农村商业银行效率间存在显著正相关关系。现阶段，国家高度重视“三农”发展，对涉农金融机构给予了高度支持与关注，我国农村商业银行因此得到了空前的发展，ATM 机、POS 机等硬件不断投入，营业网点密度不断增大，规模不断扩张，正处于规模报酬递增阶段。因此，农村商业银行的规模化扩张提高了农村商业银行效率。Berger 等（1997）[155] 对银行效率影响因素的研究是国外学者中比较有代表性的研究，其研究基于 6000 家美国商业银行的数据，发现资产规模对银行效率影响不显著，但是资产规模大的银行比资产规模小的银行效率要高。Robert 等（1998）[156]、Jackson 等（2000）[157]、罗蓉等（2017）、顾晓安等（2017）发现银行规模对商业银行经营效率有正向影响。陈诗一等（2018）发现银行规模对商业银行效率有正向影响，认为大型商业银行由于规模经济更有利于商业银行有效经营。王佳等（2018）发现银行规模对商业银行技术效率有显著的正向影响，认为适度的增加银行规模能够促进商业银行技术效率提升。刘卓等（2017）发现银行规模对城市商业银行成本效率有正向影响，认为各城市商业银行由于严重的产品、服务同质化导致研发成本比较一致，因此，利用规模扩张摊薄单位成本是提高收益的有效途径。冯璐等（2018）发现银行规模对商业银行利润效率有显著的正向影响，认为商业以银行通过规模扩张实现了规模经济，促进了商业银行利润效率的提升。本书得出的结论与理论预期相符，也与学者们对相同影响因素对发展比较成熟的国有商业银行、股份制商业银行、上市商业银行等效率影响的研究结论一致。但 Hermalin 等（1994）[158] 和 Kaparakis 等（1994）[159] 同样检验资产规模对商业银行效率的影响，却发现资产规模对商业银行效率有负向影响。因此，农村商业银行规模不是越大越好，合理适度的规模扩张才能提升经营效率。

2. 资源配置指标（DL）系数为负，且通过了 1% 的显著性检验，说明农村商业银行贷存比与农村商业银行的效率呈显著负相关关系，体现了农村商业银行作为特殊商业银行的独特性。以往研究得到的结论大多是，存贷比与银行效率具有正相关关系。农村商业银行服务对象主要是农业生产主体。而农业生产具有周期长、弱质性等特点，要求农村商业银行具有更多的流动性，来抵御可能面临的风险。因此，存贷比与农村商业银行效率呈负相关关系。刘卓等（2017）同样发现存贷比对城市商业银行成本效率有负向影响。顾晓安等（2017）发现存贷比对商业银行效率影响不显著。本书得出的结论与理论预期不相符，且学者们对相同影响因素对发展比较成熟的国有商业银行、股份制商业银行、上市商业银行等效率影响的研究结论也不统一。

3. 贷款质量指标（Ploan）系数显著为负，说明农村商业银行不良贷款率的提高对其效率的提高具有消极影响。不良贷款率越高，说明农村商业银行可回收的贷款越少，面临的信用风险越大，阻碍了农村商业银行业务的拓展和规模的扩大，资金筹集子系统和资金运营子系统效率越低，进而影响农村商业银行经营效率。Robert 等（1998）、张庆君等（2017）、顾晓安等（2017）、王正耀等（2018）、胡姝等（2018）[160]发现不良贷款率对商业银行经营效率有显著的负向影响。Sufian（2010）[161]检验次贷危机对银行效率的影响，发现次贷危机对银行效率有负向影响。同样的，孙姝等（2018）发现不良贷款率对商业银行创新效率有不显著的负向影响，但其认为不良贷款率控制在较低的水平能够促进商业银行经营效率提升，进而为商业银行创新提供较多的资金，由于这种间接性造成了不良贷款率对商业银行创新效率影响不显著。冯璐等（2018）发现不良贷款率对商业银行利润效率有显著的负向影响。本书得出的结论与理论预期相符，也与学者们对相同影响因素对发展比较成熟的国有商业银行、股份制商业银行、上市商业银行等效率影响的研究结论一致。

4. 创新能力指标（Innovation）系数为正，说明农村商业银行创新能力与农村商业银行效率呈显著正相关关系。由产业组织理论可知，在任何一个行业中，企业在本行业中的位置排列是由企业所拥有的技术水平决定的。由此可以看出，实行产品差异化战略可以使企业在同产业市场机构中占据更大的市场份额。技术进步与金融创新是相互联系的，技术进步能够增强其竞争力，作为内生化的竞争因素，先进的信息技术可以使信息处理的质量提升，金融中介的成本降低。金融产品创新会促进农村商业银行突破传统的盈利模式，改变以存贷利差为主要收入来源的现状，提高银行营业利润，降低交易成本，进而提高银行效率。罗蓉等

(2017)、顾晓安等(2017)发现创新能力对商业银行经营效率有正向影响。王佳等(2018)发现创新能力对商业银行技术效率有显著的正向影响，认为适度的创新能够促进商业银行技术效率提升。孙姝等(2018)发现创新意识对商业银行创新效率有显著的正向影响，认为商业银行平稳经营和运行的关键就是金融创新。本书得出的结论与理论预期相符，也与学者们对相同影响因素对发展比较成熟的国有商业银行、股份制商业银行、上市商业银行等效率影响的研究结论一致。但王正耀等(2018)发现非利息收入占比与上市商业银行经营效率，在不同的资产规模水平下存在显著的非线性关系，当上市商业银行资产规模比较小时，非利息收入占比对上市商业银行经营效率有正向影响，但是影响很小且非常不显著。当上市商业银行资产规模在21000亿元以上时，非利息收入占比才与上市商业银行经营效率存在显著的正向影响。因此，农村商业银行与国有商业银行、股份制商业银行、上市商业银行相比实力较弱、发展起步较晚、服务对象较特殊，在业务创新上也应该根据自身实际情况量力而行。刘笑彤等(2017)虽然通过研究得出创新能力对商业银行技术效率有正向影响，但是影响比较有限，认为商业银行在股权结构上受政府监管制约了其提升效率活力的发挥。农村商业银行由于其农村信用合作社的历史背景，在创新能力发挥上也存在类似的影响。

6.5 本章小结

本章首先从理论方面分析了经济发展、经济风险、发展战略、管理水平以及创新能力因素对我国农村商业银行经营效率的作用机理。然后，以第5章测算的农村商业银行效率为被解释变量，从外部环境和内部环境两个层面对影响农村商业银行经营效率的因素进行了实证分析。

7 提高我国农村商业银行经营效率的对策分析

提高农村商业银行经营效率，是农村商业银行发展的必然选择，也是农村商业银行实现追求利润最大化目标的同时，是更好地服务“三农”发展的必然要求。第6章实证结果显示：经济实力、经济政策、银行规模、创新能力对农村商业银行经营效率的影响为正，有利于改善农村商业银行经营效率，而投资规模、通货膨胀、资源配置、资产质量对农村商业银行经营效率的影响为负，不利于农村商业银行经营效率的提高。本章主要结合农村商业银行经营效率评价及影响因素，对提高我国农村商业银行经营效率提出了对策建议。

7.1 加大农村商业银行政策支持扶持

繁荣的经济环境、宽松的经济政策有助于提高农村商业银行经营效率，高通货膨胀不利于提高农村商业银行经营效率。而实证结果表明，经济实力、经济政策与农村商业银行经营效率呈现正相关，即宽松繁荣的经济环境和宽松的经济政策对农村商业银行经营效率表现为促进，高通货膨胀对农村商业银行经营效率表现为阻碍，但是农村商业银行对宏观经济是不可控的，而且从农村商业银行与国有商业银行和股份制商业银行经营效率的比较分析看出，国有商业银行效率更高，很重要的原因就是国有商业银行享受的政策更加有利。农村商业银行服务“三农”的属性，造就了其在经营管理上的脆弱性，应对环境变化的能力也有限，需要政府在政策上加以扶持。同时，根据对农村商业银行经营效率的分东中西区域分析可知，我国农村商业银行效率区域差异明显，农村商业银行效率较高的地区主要集中在东部地区，而农村商业银行效率较低的地区集中在中西部地区，国家在给予农村商业银行政策支持的同时，还要给予不同地区农村商业银行差别化的政策。结合理论分析与实证结果，主要从贷款贴息税收减免、信用体系建设、抵押担保体系健全、差别化准入制度建立四个方面提出提高农村商业银行经营效率的对策建议。

1. 通过贷款贴息和税收减免加大对农村商业银行的支持扶持。根据农村商业银行资金筹集子系统效率评价结果也可以看出，资金筹集子系统效率低下的主要原因是技术效率低下，说明农村商业银行在资金筹集管理与决策上是有一定脆弱性的，需要政府帮助弥补资金缺口。然而当前，政府已经通过实施贷款利率调整的方式，尽可能减少了农户的贷款成本，规定了农村商业银行小额贷款利率的上限不得超过基准利率的一定比例。但是，在实际操作中，仍然有很多农村商业银行，即使按照基准利率向农村发放贷款，并未对贷款利率进行上浮，也仍然无法平衡贷款的资金和自身的营业成本。因此，政府有关部门应该充分考虑实施贷款贴息政策，通过这一手段的有效实施，对于农村商业银行发放小额贷款造成的损失，尽可能弥补其资金缺口。通过实施贷款贴息这一有力措施，一方面，能够促进农村商业银行发放小额信贷的积极性，真正有融资需求的客户特别是农户，更容易获得贷款资金，对于改善“三农”资金供不应求的现状有积极促进作用。另一方面，能够有效降低农村商业银行承担的农户信用风险，保障了农村商业银行实现风险可控前提下的可持续经营。同时，农村商业银行服务“三农”这一正确定位是由历史和现实决定的，由于农村商业银行这一特殊定位，以及“三农”业务带有的脆弱性，决定了农村商业银行应该享受一些有别于一般商业银行的优惠政策措施，例如，对农村商业银行的所得税、营业税等税收进行减免。政府可以通过适当下调农村商业银行营业税率的方式，允许并支持农村商业银行在纳税前对坏账准备进行计提，甚至可以暂时免除农村商业银行的所得税，帮助农村商业银行满足其资本积累需要。

2. 通过农村信用体系建设的加强加大对农村商业银行的支持扶持。根据农村商业银行资金运营子系统效率评价结果也可以看出，资金运营子系统效率低下的主要原因是技术退步，说明农村商业银行利用新的技术手段来弥补信用风险的能力是比较弱的，需要政府帮助完善信用环境。农村信用环境的营造可以从两个方面来实现，一个是注重农民的还款的意识也就是信用意识的培养，另一个是通过收集、归纳、处理和保管农户信用数据和建设覆盖广泛的农村信用档案数据库来推进农村征信机构和征信体系的建立完善。作为农村地区最重要的金融机构之一，农村商业银行的客户信用信息必须纳入数据库统一建设管理。同时，农村商业银行所在区域的特征应作为考察重点，因地制宜地稳步推进农村信用数据库建设。还要通过农村信用评估机构的建立加大对农村商业银行的支持扶持，农村信用评级的基础是建立有效的征信体系，而拥有相对权威的信用评级机构是信用评级的关键。要有效改善信息不对称情况，就必须通过评级机构按照公平、公正、公开原则对农村经济主体进行科学合理的等级评定。但是目前，在农村地区，并没有权威的信用评级机构，更没有完整科学的整套评估方法，急需建立农村地区、官方的信用评级机构。要学习国外信用评级体系建设的成熟经验，鼓励民间组织自发建立的评级机构对农村经济主体进行评级，帮助农村商业银行开展贷款业务。守信者信用高、失信者信用低是判定信用等级的重要依据，要通过将资产、人口、收入等指标进行量化的发方式对客户建立信用信息档案并发放证书，并通过随时调整信用等级保证科学评价农户信用情况。

3. 通过抵押担保体系的健全加大对农村商业银行的支持扶持。长期以来，阻碍农村商业银行发展的重要瓶颈之一就是抵押担保问题。根据农村商业银行服务应用子系统效率评价结果也可以看出，服务应用子系统效率低下的主要原因是技术退步，说明农村商业银行很难通过自身努力创造业务品种，解决抵押担保匮乏问题。因此，必须结合不用区域农村经济发展特点和趋势健全农村抵押担保体系。当前，农村商业银行考虑风险控制因素，并不愿意向缺乏有效的抵押、担保物农户发放贷款，农村商业银行的抵押担保体系必须建立。一个行之有效的办法就是通过深化农村土地流转制度改革为农户创造抵押担保物。但是，《物权法》《担保法》等法律法规限制了农户可能拥有的抵押物，这就要求国家对相关法律法规进行调整，改变这种严格的限制局面，主要是准许农户利用土地承包权这一几乎是仅有的抵押物进行抵押，从而获得农村商业银行的贷款。但是这种调整法律限制的抵押必须要遵循一些原则。第一是要严格依法办事，严格遵守土地征收的规定，第二是通过保障农民的土地主人翁地位、保障农民宅基权合法权利来实现对农民选择的充分尊重，第三是有责任就必须追究。另外，除了土地承包权，还要在林权、海域等其他不动产方面积极探索，建立健全抵押担保制度。同时，目前的抵押担保方式由于过于单一已经不能适应经济发展需要，必须对新担保形式进行积极的研究和开发，很重要的一点就是对担保基金筹措要积极拓展渠道，比如，农户贷款担保基金的建立、县域小企业担保机构的建立、通过与专业合作社合作融资担保的建立等都是可行的渠道。当前全国各地已经进行的银企合作形式的担保机制仍存在很多问题。比如，操作过程过于复杂，“农户联保”担保形式前提是双方要有共同的贷款需求且互相信用良好，其申请、审批等环节所用时间也过于漫长。因此，推进抵押担保机制改革，关键是要在充分了解资金需求方信贷特点的前提下，创新完善抵押担保方式和形式。

4. 从农村商业银行差别化准入制度的建立上加大对农村商业银行的支持扶持。由于我国地域辽阔导致各区域经济金融发展不均均衡，与东部地区相比，中、西部地区无论是经济发展速度，还是金融发达程度多亟待加强，这就导致中西部地区较少发起成立农村商业银行，而且由于需要承担高昂的管理成本才能跨省设立农村商业银行，得不到东部地区农村商业银行支持的中西部地区已经成立的农村商业银行也发展缓慢。要利用差异化的准入政策，引导中西部区域成立农村商业银行。通过允许更低的注册资本金、允许企业成为控股股东等方式降低对发行人的资格要求，要通过经营业务限制放松、相关金融政策明确来制定改进业务准入制度，最后要通过建立有效激励制约机制、健全人力资源管理体制来完善人员准入制度。

7.2 加强农村商业银行战略规划管理

银行规模经济、资源合理配置有助于提高农村商业银行效率。而实证结果表明，银行规模与农村商业银行效率呈现正相关，即银行规模对农村商业银行效率表现为促进，资源配置与农村商业银行效率呈现负相关，即资源配置不利于农村商业银行效率的改善，也就是说，从农村商业银行的发展规模和发展能力来看，过高的存贷比是农村商业银行无法承受的，结合理论分析与实证结果，主要从资产规模、资源配置两个方面提出提高农村商业银行经营效率的对策建议。

1. 通过明确市场定位确定农村商业银行的合理资产规模。根据农村商业银行经营效率与国有商业银行和股份制商业银行经营效率的比较分析也可以看出，农村商业银行和股份制商业银行在服务应用子系统效率上都低于国有商业银行，但农村商业银行在其他两系统效率都接近甚至略高于股份制商业银行，在服务应用子系统的效率却低于股份制商业银行。一个重要的原因就是现阶段大多数农村商业银行在经营过程中并没有处理好资金运营子系统和服务应用子系统的关系，特别是经济增速的放缓和市场竞争的加剧，给一贯以重资产和利息收入为主的农村商业银行带来了经济压力，资本约束成为农村商业银行面临的挑战，为了应对大中型商业银行市场和业务扩展的冲击，农村商业银行呈现出了向轻资产化经营转型的趋势，随着金融改革的深入和利率市场化基本完成，农村商业银行非信贷收入占比也在逐步提升，但是轻资产业务对农村商业银行支农力度表现出了挤出效应，根据相关文献的梳理，在农村商业银行中间业务的结构上，利于农户获得金融服务的银行卡业务和代理业务占比较小，为农业企业提供支付结算平台的支付结算业务占比较小，反而证券投资交易占比较大，这主要是投资和交易等业务较高的回报率使然。尽管农村商业银行从其商业属性上看是以利润最大化为目标，但是这一目标的重要前提是农村商业银行扎根农村，服务“三农”的准确定位是其得以存在和发展的前提。同时，农村商业银行不同于实力较强的国有商业银行，对于农村商业银行来说，发展起步较晚，大多数农村商业银行现阶段仍然处于规模经济的范畴，规模大到一定程度后的规模不经济还不存在，由于管理跨度增加带来的机构臃肿、单位成本上升在国有商业银行、股份制商业银行和实力较强的城市商业银行中比较常见。因此，农村商业银行还是应处理好轻资产化改革与传统业务支农的平衡，确定一个合理的资产规模，即使发展中间业务，也要关注中间业务对“三农”的支持力度，而不是单纯考量商业性动机。

2. 通过树立稳健经营理念保障农村商业银行的合理资源配置。根据对农村商业银行效率评价的实证结果也可以看出，农村商业银行经营效率低下的一个重要原因是资金筹集子系统效率过低，这说明农村商业银行以较低成本筹集资金的能力是十分有限的，而农村商业银行服务“三农”的职责定位决定其服务对象主要是农业生产主体，农业生产具有周期长、弱质性等特点，要求农村商业银行具有更多的流动性，来抵御可能面临的风险。对国有商业银行来说，较高的存贷比能够带来更多利息差，实现更大收益。对农村商业银行来说，平衡的流动性和盈利性对农村商业银行至关重要，应在确保农村商业银行流动性的前提下，通过适当提高农村商业银行存贷比，尽可能降低资金成本的同时，努力提高农户融资获得率。

7.3 提升农村商业银行经营管理水平

较高的不良贷款不利于提高农村商业银行经营效率。而实证结果表明，不良贷款率与农村商业银行经营效率呈现负相关，即不良贷款对农村商业银行经营效率表现为损害。结合理论分析与实证结果，主要从健全风险评估机制和风险转移补偿机制两方面提出提高农村商业银行经营效率的对策建议。

1. 建立健全农村商业银行信贷风险评估体系。农村商业银行应当建立健全风险评估体系，完善信贷风险的审批制度，使其符合谨慎性的原则。一个是定期全面的考核农村商业银行高级管理人员资格，以此完善公司内部结构，把风险发生的概率降到最低，内部人员控制风险现象坚决杜绝，促进风险承受能力不断提高。另一个是通过对每个人每项考核进行量化登记记录的方式，建立健全农村商业银行激励奖励和责任追究等制度，进而达到有效地防止由于信贷员评估错误导致农村商业银行信贷风险的目的，通过这样的措施，促进信贷员和管理层人员加强自我约束，注重审慎发放贷款，通过违者重罚让管理者及信贷员对于违规操作心存畏惧，让自觉提高信用贷款质量的良好信贷氛围在农村商业内蔚然成风。

2. 建立健全农村商业银行风险转移补偿机制。农村商业银行应该通过实地调研、探访等方式研究总结本区域农民的偿债意愿、能力，查找根本原因及其影响因素，减少由于信息不对称导致的银行呆账坏账，在风险可控的前提下，通过有针对性地为农户提供金融创新产品来提高贷款偿还率。同时，农村商业银行可以通过加强与保险公司等相关企业和组织的合作来转嫁风险，尽可能降低借款人违约损失。还可以通过与企业的合作让企业成为借款人担保人的方式来提高贷款安全性和盈利性。农村商业银行还可以通过与其他银行的合作来发挥各银行自己的比较优势，在共同为本区域提供资金需求服务的基础上，实现各银行、农户、企业的多方共赢。

7.4 增强农村商业银行服务创新能力

创新能力有助于提高农村商业银行经营效率。而实证结果表明，创新能力与农村商业银行经营效率呈现正相关，即创新能力对农村商业银行经营效率表现为促进，当农村商业银行发展到一定规模时，会考虑转变以利差为唯一收入来源的盈利模式，在传统信贷业务之外的创新会带来农村商业银行盈利渠道的拓宽，新的增长点得到开辟，交易成本降低，有利于提高农村商业银行的经营效率。而发展新业务需要新技术、人才的支持，相应的激励机制建设又有助于留住人才。同时，紧缩的经济政策会带来农村商业银行可贷资金的减少，会降低经营效率，实证结构也得到了同样的结论，以利息差为主要业务的农村商业银行必须通过不断创新抵御经济政策调整带来的风险。结合理论分析与实证结果，主要从中间业务创新、运营技术创新、人才引进、激励机制建设四个方面提出提高农村商业银行经营效率的针对性建议。

1. 在农村商业银行中间业务运营上进行创新。当前，传统资产负债业务仍然是农村商业银行的主要业务，农村商业银行要提高非利息收入来源，就要在加强中间业务上进行创新。应在可承受风险水平基础上，努力探索创新中间业务，以满足“三农”发展和小微企业融资需求。通过举办讲座等方式，努力在农村推广普及银行卡、ATM 机、证券、基金、代理保险等金融业务，宣传家庭理财金融产品、代缴水电费服务。

但是，根据创新能力因素对农村商业银行经营效率影响的实证分析结果也可以看出，随着利率市场化的逐步推进，农村商业银行的传统业务也受到了一定的挤压，通过中间业务拓展转变经营模式成为农村商业银行发展趋势，因此，不同规模的农村商业银行必须根据自身实际情况发展中间业务，盲目跟风是不可取的。规模较大发展相对成熟的农村商业银行应充分利用自身的规模和体量优势，积极拓展中间业务，努力实现中间业务成本最小化，促进经营效率不断提升。规模较小实力较弱的农村商业银行不能盲目跟风，确实不具备大力拓展中间业务实力的农村商业银行应在短期内继续开展好传统存贷业务，通过积极主动为农户和小微企业提供资金支持，扩大目标客户群体，不断开拓市场，不断做大做强各项业务，巩固自身实力，为下一阶段规模扩张后拓展中间业务打下坚实基础。

2. 在农村商业银行“互联网+”等技术运营上进行创新。在确保风险可控的前提下进行技术创新是顺应金融发展新业态的必然选择。农村商业银行减少人力资本和时间成本投入、提升信息化水平和利润空间的关键是加强对互联网和人工智能等的应用。一是在硬件设施上进行技术创新。互联网金融、移动支付等正在蓬勃发展，农村商业银行应该通过手机银行等科技支付手段来解决农村商业银行金融服务欠佳、网点少等问题。与传统方式比较，手机银行，不但可以有效降低办理小额交易、银行经营实体网点的成本，也可以为农民大幅度节省间成本。通过移动互联和数字金融产品的开发，促进农村商业银行业务流程优化，吸引更多优质客户。二是在软件设施上进行技术创新。通过数字金融对金融数据的收集，把农村商业银行面对的大量琐碎的数据信息转化为大数据，从而在充分有效分析农村商业银行个体差异较大的大量客户需求的基础上，有针对性地进行新产品开发。

3. 在注重引进人才方面进行创新。农村商业银行实际上是对风险进行经营，农村商业银行想要以最小成本获取所需资金，在实现利润最大化的同时，最大限度地服务“三农”发展，就要更加注重防范信贷风险，合理控制经营成本，不断创新金融产品，这些工作目标和业务的专业性都非常强，都需要农村商业银行加大专业人才引进力度，充分发挥专业人才在农村商业银行经营管理各个环节的重要作用。因此，注重培养和引进人才是农村商业银行开展金融创新的关键，农村商业银行要培养打造具有专业水准的研发团队。要培养打在这样一支团队，农村商业银行就要采取两方面措施，一是建立完善合理的人才引进机制，把更多高学历、高素质的优秀人才吸引到农村商业银行来。二是注重加强现有员工培训，努力提升员工特别是村级信贷员等基层员工的职业素养和业务能力，以适应新常态下农村商业银行发展。

4. 在建立有效的激励机制上进行创新。农村商业银行必须想一切办法吸引专业人才，留住专业人才、用好专业人才，特别是要通过完善的设计架构、合理的用人机制与激励机制等，吸引年龄结构偏向年轻化的人才，克服地理、交通、经济、生活等方面困难扎根农村。农村商业银行建立的激励机制，必须科学有效，必须能够农村商业银行部门之间、上下级之间都处于和谐越快的工作氛围。农村商业银行要以让所有农村商业银行工作人员都有责任心、归属感、团结向心意识为目标来设计激励机制的架构。同时，农村商业银行要建立企业文化体系，并不断发展和广泛宣传。在绩效考核上，农村商业银行也应该完善激励机制，并通过这一激励机制，督促工作人员主动工作、积极创造工作业绩。此外，农村商业银行还可以通过实行鼓励工作人员内部持股制度，持股数目可以根据工作人员的等级、贡献大小进行持股。通过这种工作人员分享经营成果的方式，增强员工的工作动力的动态激励。农村商业银行应本着精神鼓励与物质激励相结合的宗旨，留住年轻的农村商业银行工作人员，为农村商业银行发展注入年轻的活力，从而进一步吸引留住客户，推动农村商业银行实现可持续发展，更好更高效地服务“三农”。

7.5 本章小结

本章基于前文农村商业银行效率理论框架和效率影响因素机理分析，结合农村商业银行效率评价与影响因素分析，从加强农村商业银行政策支持扶持、加强农村商业银行战略规划管理、加强农村商业银行经营管理水平、加强农村商业银行服务创新能力等方面介绍了提高我国农村商业银行效率的对策建议。

结　论

本书的整体研究思路：第一，在梳理相关文献基础上，基于“资金筹集—资金运营—服务应用”系统视角构建农村商业银行经营效率理论框架。第二，在分析农村商业银行发展及投入产出现状的基础上，将服务应用指标纳入农村商业银行经营效率评价指标体系中，构建了农村商业银行效率评价指标体系。第三，运用三阶段串联动态网络 DEA 模型测算我国农村商业银行经营效率值，从时间和空间角度分析了我国农村商业银行经营效率的演变趋势，并对农村商业银行经营效率与国有商业银行和股份制商业银行进行了对比。第四，从理论上探讨不同因素对农村商业银行效率的影响机理，并运用相关数据实证检验这些因素影响农村商业银行效率的方向及程度。第五，提出提高农村商业银行经营效率的对策建议。本书研究的主要结论包括：

第一，本书基于“资金筹集—资金运营—服务应用”系统视角，构建了农村商业银行经营效率理论框架。农村商业银行经营系统分别涉及资金筹集、资金运营、服务应用三个系统要素，且两两系统要素间同时存在着互相促进、互相制约的复杂关系，农村商业银行经营效率是对资金筹集、资金运营、服务应用三者间紧密关系的一种度量。并将其进一步界定为：通过提供人力、物力、财力支持，在保证农村商业银行以最小化的成本筹集所需资金的同时，实现农村商业银行利润最大化，促进农村商业银行最大限度地服务“三农”发展。在将我国农村商业银行经营系统分为资金筹集、资金运营、服务应用三个子系统的基础上，分别从三个子系统的视角，对农村商业银行的投入、产出情况进行了描述性统计分析，发现本书所选择的 45 家样本农村商业银行的大部分投入、产出是差异较大的，但样本农村商业银行投入、产出在 2012—2017 五年间的发展趋势与农村商业银行的总体发展趋势比较一致，也说明了本书所选的 45 家样本农村商业银行比较具有代表性。

第二，建立了农村商业银行经营效率评价指标体系，并选择三阶段串联动态网络 DEA 模型对我国农村商业银行、国有商业银行、股份制商业银行经营效率进行分析测度。结合构建的农村商业银行经营效率理论框架，构建了符合农村商业银行服务“三农”特性的经营效率评价指标体系，具体选择贷款余额、资产收益率、所有者权益收益率、拨备覆盖率、人民币存贷比例作为农村商业银行服务应用子系统盈利性、安全性投入的衡量指标，选择第一产业增加值、农户固定资产投资总额、农村最低生活保障支出、养老院个数、农民人均纯收入、农民人均消费性支出、成灾率作为农村商业银行服务应用子系统农业农村经济发展、农村社会发展、农村居民生活、农村生态环境产出的衡量指标。以 2012—2017 年我国 45 家农村商业银行为样本，对其经营效率进行评价。从时间演变角度：一是在全国层面，资金筹集、资金运营、服务应用三个子系统效率小于 1 共同导致了我国农村商业银行经营效率均值小于 1，且资金筹集效率过低是拉低农村商业银行经营效率的主要原因。三个系统技术退步是导致我国农村商业银行经营效率均值小于 1 的根本原因。二是在区域层面，东部地区相比于西部和中部地区，农村商业银行经营效率值最高，且均值大于 1，实现了样本期间的有效运行。中部和西部地区效率低下是导致我国农村商业银行经营效率下降的主要原因。从区域联系角度：农村商业银行经营效率相关性检验说明，我国农村商业银行经营效率存在正的交互作用，而且其交互作用越来越明显，也就是说，我国农村商业银行经营效率具有较明显的集聚特征，具有相近效率的农村商业银行相互影响。从行业差距角度：我国农村商业银行经营效率低于国有商业银行，与股份制商业银行经营效率相近。

第三，分析了不同因素影响农村商业银行经营效率的机理，并从外部和内部两个层面对影响因素的作用进行了实证分析。在分析经济发展、经济风险、发展战略、管理水平以及创新能力因素对我国农村商业银行经营效率的作用机理的基础上，基于自体抽样稳健最小二乘估计了农村商业银行经营效率的外部影响因素，结果显示：国内生产总值（GDP）

和货币供应量（M2）对农村商业银行效率具有显著的正向影响，消费者价格指数（CPI）对农村商业银行网络系统效率具有显著的负向影响，而全社会固定资产投资（FAI）对农村商业银行效率没有显著的影响作用。基于系统GMM估计农村商业银行经营效率的内部影响因素，结果显示：不良贷款率（Ploan）和贷存比（DL）与农村商业银行效率呈显著负相关关系，总资产（ln_ Tasset）、创新能力（Innovation）与农村商业银行效率呈显著正相关关系。

第四，在理论及实证分析的基础上，得出了提高我国农村商业银行经营效率的四个方面的有效途径。结合农村商业银行经营效率评价与影响因素分析，得出应从加大农村商业银行政策支持扶持、加强农村商业银行战略规划管理、提升农村商业银行经营管理水平、增强农村商业银行服务创新能力等方面提高我国农村商业银行经营效率。其中，应从贷款贴息税收减免、信用体系建设、抵押担保体系健全、差别化准入制度建立四个方面加大对农村商业银行政策支持扶持；应从合理确定资产规模、合理配置资源两个方面加强农村商业银行战略规划管理；应从健全风险评估机制和风险转移补偿机制两方面提升农村商业银行经营管理水平；应从中间业务创新、运营技术创新、人才引进、激励机制建设四个方面增强农村商业银行服务创新能力。

本书在梳理了农村商业银行效率相关文献及理论的基础上，基于“资金筹集—资金运营—服务应用”系统视角，构建了农村商业银行经营效率理论框架，并在此基础上进行了实证分析，但由于个人能力有限，本书依然存在一定的局限性，今后将作为研究的重点方向。一方面，通过构建农村商业银行经营效率理论框架，发现农村商业银行经营效率分别涉及到资金筹集、资金运营、服务应用三个子系统，由于农村商业银行经营系统以及不同子系统间相互作用关系的复杂性，本人今后将进一步加强理论知识的储备，在进一步理清各子系统间复杂关系及相互作用机理的基础上，构建农村商业银行经营系统的仿真模型，为农村商业银行经营效率提高制定更加精准的支撑。另一方面，由于农村商业银行发展起步较晚，个别省份还没有成立农村商业银行，已建立的农村商业银行数据披露并不完整，数据可得性也较差，尽管本书选取的45家农村商业银行比较有代表性，但是随着农村商业银行行业系统的不断发展壮大，待所有省份都建立农村商业银行后，本人会尝试在所有省份搜集农村商业银行数据，运用空间计量模型测算农村商业银行经营效率影响因素，使计算结果更加客观科学。

本书由张世颖、齐丹丹、梁珈源、王兆勋、隋想等参与编写，其中梁珈源完成了3万字的工作量，在此表示感谢！

参考文献

[1] 梁漱溟．乡村建设理论．北京：商务印书馆，2015：40－45.

[2] 西奥多·W. 舒尔茨．梁小民译．改造传统农业（再版）．北京：商务印书馆，2016：14－25.

[3] Berger A. N.，Humphrey D. B.．Efficiency of Financial Institutions：International Survey and Directions for Future Research. Europen Journal of Operational Research，1997，98（2）：175－212.

[4] Young R.，Hasan I.．The Performance of De Novo & Commercial Banks：A Profit Efficiency Approach. Journal of Banking and Finance，1998，(22)：565－587.

[5] Farrell M. J.．The Measurement of Productive Efficiency. Journal of the Royal Statistical Society，1957，120（3）：253－290.

[6] Kunt D.，Huizinga H.．Determinants of Commercial Bank Interest Margins and Profit Ability：Some International Evidence. The World Bank Economic Review，1999，(13)：379－408.

[7] Leibenstein H.．Allocative Efficiency versus X－inefficiency. American Economic Review，1966，(56)：392－415.

[8] Worthington A.．The Determinants of Non－bank Financial Institution Efficiency：A Stochastic Cost Frontier Approach. Applied Financial Economics，1998，(8)：279－287.

[9] Charnes A.，Cooper W. W.，Rhodes E.．Measuring the Efficiency of Decision－Making Units. European Journal of Operational Research，1978，(2)：429－444.

[10] Clark J. A. Economic Cost，Scale Efficiency，and Competitive Viability in Banking. Journal of Money，Credit and Banking，1996，28（3）：342－364.

[11] Berger A. N., Hancok D., Humphrey D. B.. Bank Efficiency Derived from the Profit Function. Journal of Banking and Finance, 1993, (17): 317 - 247.

[12] Kumbhakar S. C., Ghosh S., McGuckin J. T.. A Generalized Production Frontier Approach for Estimating Determinants of Inefficiency in U. S. Dairy Farms. Journal of Business and Economic Statistics, 1991, (9): 279 - 286.

[13] Bauer P. W., Berger A. N., Ferrier G. D., Humphrey D. B.. Consistency Conditions for Regulatory Analysis of Financial Institutions: a Comparison of Frontier Efficiency Methods. Journal of Economics and Business, 1998, (50): 85 - 114.

[14] Merton R. C.. A Functional Perspective of Financial Intermediation. Financial Management, 1995, 24 (2): 23 - 42.

[15] Yaron J., McDonald P. B., Gerda L. P.. Rural Finance: Issues, Design, and Best Practices, Washington, DC: World Bank, 1997, (14): 25 - 33.

[16] Begona G. N., Cinca C. S., Molinero C. M.. Microfinance Institutions and Efficiency. Omega, 2007, 35 (2): 131 - 142.

[17] Annim S. K.. Microfinance Efficiency: Trade - offs and Complementarities Between the Objectives of Microfinance Institions and Their Performance Perspectives. The European Journal of Development Research, 2012, 24 (5): 788 - 807.

[18] Guitierrez - Nieto B., Serrano - Cinca C., Mar - Molinero C.. Social Efficiency in Microfinance Institutions. Journal of the Operational Research Society, 2009, 60 (1): 104 - 119.

[19] Mester L. J.. A Study of Bank Efficiency Taking into Account Risk - preferences. Journal of Banking and Finance, 1996, (20): 1025 - 1045.

[20] Isik I., Hassan M. K.. Cost and Profit Efficiency of the Turkish Banking Industry: An Empirical Investigation. Financial Review, 2002, 37 (2): 257 - 279.

[21] Simon H. K.. The X – efficiency of Commercial Banks in Hong Kong. Journal of Banking & Finance, 2006, 30 (4): 1127 – 1147.

[22] Weill L.. Is there a Gap in Bank Efficiency between CEE and Western European Countries? . Social Science Electronic Publishing, 2010, (49): 101 – 127.

[23] Walid A., Belkacem L.. Kuwaiti Banks Efficiency: An Examination of Technical and Allocative Efficiency Over the Period 1994—2009. International Review of Business Research Papers, 2012, 8 (5): 123 – 136.

[24] Hassan K., Tufte D.. The X – Efficiency of a Group – Based Lending Institution: The Case of the Grameen Bank. World Development, 2001, 29 (6): 1071 – 1082.

[25] Desrochers M., Lamberte M.. Efficiency and Expense Preference Behavior in Philippines´Cooperative Rural Banks. Cahier de Recherche, Working Paper, 2003: 21.

[26] Hermes N., Lensink R., Meesters A.. Outreach and Efficiency of Microfinance Institutions. World Development, 2011, 39 (6): 938 – 948.

[27] Servin R., Lensink R., Berg M.. Ownership and Technical Efficiency of Microfinance Institutions: Empirical Evidence from Latin America. Journal of Banking & Finance, 2012, (36): 2136 – 2144.

[28] Sherman H. D., Gold F.. Branch Operation Efficiency: Evaluation with Data Envelopment Analysis. Journal of Banking and Finance, 1985, (9): 297 – 315.

[29] Rangan, Richard G., Hassan Y. A., Carl P.. The Technical Efficiency of US Banks. Economics Letters, 1988, (28): 169 – 175.

[30] Barr R. S., Killgo K. A., Siems T. F.. Evaluating the productive efficiency and performance of US commercial banks. Journal of Banking and Finance, 2002, (8): 23 – 25.

[31] Maudos J., Pastor J. M.. Cost and Profit Efficiency in the Spanish Banking Sector (1985 – 1996): A Non – parametric Approach. Applied Financial Economics, 2003, 13 (1): 1 – 12.

[32] Penny N.. X - efficiency and Productivity Change in Australian Banking. Australian Economic Paper, 2004, (43): 174 - 191.

[33] Kumar S., Gulati R.. Technical Efficiency and its Determinants in the Indian Domestic Banking Industry: An Application of DEA and Tobit Analysis. American Journal of Finance and Accounting, 2009, 1 (3): 256 - 296.

[34] Banker R. D., Chang H., Lee S. Y.. Differential Impact of Korean Banking System Reforms on Bank Productivity. Journal of Banking & Finance, 2010, 34 (7): 1450 - 1460.

[35] Dvaid M.. Bank Consolidation and Scale Economies Trend of Banks in a Developing Country. Journal of Economic Theory, 2011, 5 (1): 15 - 21.

[36] Al - Khasawneh J. A.. Pair Wise X - efficiency Combinations of Merging Banks: Analysis of the Fifth Merger Wave. Review of Quantitative Finance & Accounting, 2013, 41 (1): 1 - 28.

[37] Erasmus C., Makina D.. An Empirical Study of Bank Efficiency in South Africa Using the Standard and Alternative Approaches to Data Envelopment Analysis (DEA). Journal of Economics and Behavioral Studies, 2014, (8): 56 - 67.

[38] Tsolas I. E., Charles V.. Incorporating Risk into Bank Efficiency: A Satisficing DEA Approach to Assess the Greek Banking Crisis. Expert Systems with Applications, 2015, 42 (7): 3491 - 3500.

[39] Fukuyama H., Guerra R., Weber W. L.. Efficiency and Ownership: Evidence from Japanese Credit Cooperatives. Journal of Economics and Business, 1999, (51): 473 - 487.

[40] Pille P., Paradi J. C.. Financial Performance Analysis of Canada Credit Unions: An Application of DEA in the Regulatory Environment. European Journal of Operational Research, 2002, (139): 339 - 350.

[41] Worthington A. C.. Determinants of Merger and Acquisition Activity in Australian Cooperative Deposit - taking Institutions. Journal of Business Research, 2004, (57): 47 - 57.

[42] Dong F., Featherstone A.. Technical and Scale Efficiencies for Chinese Rural Credit Cooperatives: A Bootstrapping Approach in Data Envelopment Analysis. Journal of Chinese Economic and Business Studies, 2006, 4 (1): 57 - 75.

[43] Bergendahl G., Lindblom T.. Evaluating the Performance of Swedish Savings Banks According to Service Efficiency. European Journal of Operational Research, 2008, (185): 1663 - 1673.

[44] Glass J. C., McKillop D. G., Rasaratnam S.. Irish Credit Unions: Investigating Performance Determinants and the Opportunity Cost of Regulatory Compliance. Journal of Banking & Finance, 2010, (34): 67 - 76.

[45] Wheelock D. C., Wilson P. W.. The Evolution of Cost - productivity and Efficiency Among US Credit Unions. Journal of Banking & Finance, 2013, (3): 75 - 88.

[46] Seiford L. M., Zhu J.. Profitability and Marketability of the Top 55 U. S. Commercial Bank. Management Science, 1999, 45 (9): 1270 - 1288.

[47] Chen Y., Zhu J.. Measuring Information Technology's Indirect Impact on Firm Performance. Information Technology & Management Journal, 2004, (5): 9 - 12.

[48] Kao C., Hwang S. N.. Efficiency Decomposition in Two - stage Data Envelopment Analysis: An Application to Non - life Insurance Companies. European Journal of Operational Research, 2008, (185): 418 - 429.

[49] Chen Y., Wade D. C., Li N., Zhu J.. Additive Efficiency Decomposition in Two - stage DEA. European Journal of Operational Research, 2009, (196): 1170 - 1176.

[50] Fukuyama H., Weber W. L.. A Slacks - based Inefficiency Measure for a Two - stage System with Bad Outputs. Omega, 2010, 38 (5): 398 - 409.

[51] Akther S., Fukuyama H., Weber W. L.. Estimating Two - stage

Network Slacks - based Inefficiency: An Application to Bangladesh Banking. Omega, 2013, 41 (41): 88 -96.

[52] Wang K., Huang W., Wu J.. Efficiency Measures of the Chinese Commercial Banking System Using an Additive Two - stage DEA. Omega, 2014, 44 (2): 5 -20.

[53] Zha Y., Liang N., Wu M.. Efficiency Evaluation of Banks in China: A Dynamic Two - stage Slacks - based Measure Approach. Omega, 2016, 60 (1): 60 -72.

[54] Fried H. O., Lovell C. A. K., Turner J. A.. An Analysis of the Performance of University - affiliated Credit Unions. Computers Ops Res, 1996, 33 (4): 375 -384.

[55] Esho N.. The Determinants of Cost Efficiency in Cooperative Financial Institutions: Australian Evidence. Journal of Banking & Finance, 2001, (25): 941 -964.

[56] Hassan M. K., Tufte D. R.. The X - Efficiency of a Group - Based Lending Institution: The Case of the Grameen Bank. World Development, 2001, 29 (6): 1071 -1082.

[57] Bos J. W. B., Kool C. J. M.. Bank Efficiency: The Role of Bank Strategy and Local Market Conditions. Journal of Banking & Finance, 2006, (30): 1953 -1974.

[58] Fu X., Polzin C.. Do Modern Technologies Work for the Rural ICT and Rural Credit Institutions in India? Britain: University of Oxford, 2008.

[59] Grifell - Tatje E.. Profit, Productivity and Distribution: Differences across Organizational Forms of the Case of Spanish Banks. Socio - Economic Planning Sciences, 2011, (45): 72 -83.

[60] 盛煜．我国农村商业银行运营效率比较与评价——基于数据包络分析法．金融发展研究，2012，15（4）：70 -74.

[61] 王玲，谢玉梅，胡基红．我国农村商业银行效率及其影响因素分析．财经论丛，2013，174（5）：53 -58.

［62］王伟，赵天荣．基于 Malmquist 指数的我国农村商业银行跨区域经营效率研究．金融理论与实践，2014，422（9）：29－34.

［63］张蓉，潘癸邑．中国农村商业银行全要素生产率及其影响因素研究——基于 DEA 的 Malmquist 生产率指数．兰州财经大学学报，2017，33（3）：30－36.

［64］钟康沛．农村商业银行效率分析．合作经济与科技，2017，（2）：60－61.

［65］姚凤阁，李婕妤，路少朋．农村商业银行经营效率及影响因素研究．统计与决策，2017，473（5）：161－165.

［66］吴雪华，张勇，朱敏，熊颖．基于 DEA 的我国农村商业银行运营效率分析．常州工学院学报，2018，31（4）：64－71.

［67］田雅群，何广文，张正平．基于市场势力的农村商业银行贷款市场风险承担与效率分析．商业研究，2018，（6）：113－142.

［68］陈伟平，冯宗宪．不良贷款约束下中国农村商业银行生产率增长及收敛性研究．商业经济与管理，2015，279（1）：71－79.

［69］王修华，张婉婷．公司治理对农村商业银行全要素生产率的影响研究．湖南大学学报（社会科学版），2016，30（5）：64－70.

［70］王文莉，郭琪．不同资产规模的农村商业银行经营效率研究——基于三阶段 DEA 模型的实证分析．生产力研究，2017，（9）：20－24.

［71］李婷婷．城商行与农村商业银行经营绩效比较研究．新金融，2017，336（1）：55－59.

［72］薛薇．基于非期望产出的农村商业银行运行效率的测度．金融理论与实践，2018，464（3）：39－44.

［73］姚树洁，冯根福，姜春霞．中国银行业效率的实证分析．经济研究，2004，（8）：4－15.

［74］迟国泰，孙秀峰，芦丹．中国商业银行成本效率实证研究．经济研究，2005，（6）：104－114.

［75］何蛟，傅强，潘璐．引入外资战略投资者对我国商业银行效率的影响．中国管理科学，2010，18（5）：49－57.

［76］吕品，文英．基于 SFA 模型的我国商业银行成本效率的测度．

产经评论，2010，14（5）：136－143.

［77］张金清，吴有红．外资银行进入水平影响商业银行效率的“阙值效应”分析——来自中国商业银行的经验证据．金融研究，2010，360（6）：60－74.

［78］程茂勇，赵红．市场势力对银行效率影响分析——来自我国商业银行的经验数据．数量经济技术经济研究，2011，（10）：78－91.

［79］张晓岚，刘孟飞．商业银行劳动效率及其影响因素研究——基于 Translog 要素需求函数的实证分析．云南财经大学学报，2012，155（3）：100－107.

［80］刘孟飞，张晓岚．风险约束下的商业银行效率及其影响因素研究．金融研究，2013，397（7）：113－125.

［81］王婧．我国商业银行效率测度分析——基于 SFA 技术的实证研究．经济问题，2014，（11）：33－37.

［82］陈其安，刘艾萍．公司治理与银行效率：来自中国上市商业银行的经验证据．中国管理科学，2015，23（11）：437－444.

［83］申创，赵胜民．市场竞争度、非利息业务对商业银行效率的影响研究．数量经济技术经济研究，2017，（9）：145－160.

［84］顾晓安，袁照贺，龚德凤．我国城市商业银行效率的区域差异及其影响因素研究．南京审计大学学报，2017，（1）：10－20.

［85］王文清．不良资产对商业银行信贷效率的影响研究——基于随机前沿模型的实证分析．新经济，2018，（12）：47－52.

［86］黄勃，罗煜，陈礼清．同业业务发展能提升中国商业银行的效率吗．经济理论与经济管理，2018，（6）：64－79.

［87］赵亮．外资参股对我国商业银行盈利效率的影响研究．技术经济与管理研究，2018，（1）：81－85.

［88］刘新宇，刘傲琼．我国商业银行的多元化效率研究．经济与管理评论，2018，（6）：116－132.

［89］钟世和，何英华，吴艳．基于改进 SFA 模型的银行效率与风险动态关系研究——来自中国 16 家上市商业银行的经验证据．统计与信息论坛，2018，33（12）：30－36.

[90] 周泽昆，陈珽．评价管理效率的一种新方法．系统工程，1986，4（4）：42－49.

[91] 魏权龄．评价相对有效性的 DEA 方法．北京：中国人民大学出版社，1988：40－45.

[92] 魏权龄．评价相对有效性的数据包络分析模型——DEA 和网络 DEA. 北京：中国人民大学出版社，2012：333－418.

[93] 杨大强，张爱武．1996—2005 年中国商业银行的效率评价——基于成本效率和利润效率的实证分析．金融研究，2007，330（12）：102－112.

[94] 周四军，冯岑．基于 HLM 模型的中国商业银行规模效率研究．统计与信息论坛，2010，25（9）：38－43.

[95] 周强龙，徐加．中国商业银行的盈利模式与技术效率．金融论坛，2010，174（6）：43－51.

[96] 吴晨．我国上市商业银行效率测度及影响因素分析——基于 DEA 的实证分析．山西财经大学学报，2011，33（11）：47－54.

[97] 谭燕芝，许明．高管薪酬、股权结构、董事会特征与商业银行经营效率——基于对 16 家上市股份制商业银行面板数据的实证分析．经济经纬，2012，（5）：112－116.

[98] 岳华，张晓民．基于风险调整的中国商业银行效率评价研究．山东社会科学，2012，200（4）：153－156.

[99] 段永瑞，孙丽琴，赵金实．基于数据包络分析的中国商业银行运作与服务质量效率评价．中国管理科学，2013，21（11）：15－19.

[100] 顾洪梅，谢淑萍，温秀玲．中国商业银行风险、收益对效率影响的实证分析——基于动态面板数据的系统 GMM 估计．社会科学战线，2014，（5）：248－250.

[101] 吴沭林．后危机时代我国商业银行经营效率测度研究．山西财经大学学报，2016，38（11）：47－58.

[102] 张庆君，刘靖．互联网金融提升了商业银行资本配置效率吗？——基于中国上市银行的经验证据．金融论坛，2017，259（7）：27－38.

[103] 王斌，李刚，陈凯．基于组合赋权法的商业银行规模效率评

价研究．东南大学学报（哲学社会科学版），2017，19（4）：76－83.

［104］徐婷婷，刘阳．商业银行信贷投放结构对银行经营效率的影响——基于中国14家上市银行的实证分析．金融与经济，2017，（9）：15－22.

［105］刘卓．中国商业银行成本效率及其影响因素分析——基于3类商业银行的比较．湖南农业大学学报（社会科学版），2017，18（2）：94－99.

［106］谷晓然．金融新常态下商业银行融资效率的实证研究．征信，2018，229（2）：75－79.

［107］张淦，赵永清．新时代商业银行信贷资金新投向——基于信贷资金行业配置效率的分析．当代经济管理，2018，40（12）：87－96.

［108］曹志鹏，张明娟．差别准备金率政策能影响银行资金效率吗？——基于不同类型商业银行的实证分析．《西南民族大学学报》（人文社会科学版），2018，（7）：131－136.

［109］杨青楠，解晟实．基于DEA方法的农村商业银行运营效率评价．科技与管理，2011，13（1）：112－116.

［110］周再清，杨鹤皋．我国农村商业银行效率测度及其影响因素探讨．广州大学学报（社会科学版），2015，14（5）：36－41.

［111］王克强，蒋涛，刘红梅，刘光成．中国农村金融机构效率研究——基于上市农村商业银行与村镇银行对比视角．农业技术经济，2018，（9）：21－29.

［112］蒲勇健，胡东．基于动态DEA模型的商业银行综合效率评价．统计与决策，2009，298（22）：70－72.

［113］虞晓雯，雷明，王其文，邓洁．中国商业银行效率的实证分析（2005—2011）——基于时间序列回归和随机DEA的机会约束模型．中国管理科学，2012，20（11）：356－362.

［114］张恒，周中林，肖祎平．低碳经济下我国商业银行绿色管理效率的实证分析——基于组合DEA模型．上海财经大学学报，2014，16（2）：43－50.

［115］初立苹，粟芳．中国商业银行资金投入效率及影响因素的实

证分析．上海金融，2014，（6）：31－40.

［116］范建平，赵苗，吴美琴．考虑DMUs异质性的商业银行成本效率研究．华东经济管理，2018，32（3）：52－58.

［117］王佳，金秀，王旭，王淑力．基于Bootstrap－DEA的我国商业银行效率评价与对比．东北大学学报（自然科学版），2018，39（10）：1506－1510.

［118］郭文，孙涛．环境和管理双重视角下商业银行效率评价及分解．经济管理，2014，528（12）：135－145.

［119］张浩，杨慧敏．基于考虑非期望产出的超效率网络SBM模型的我国商业银行效率．系统工程，2017，35（4）：17－24.

［120］宋凯艺．要素市场扭曲与商业银行经营效率损失．金融经济学研究，2017，32（2）：76－91.

［121］祝福云，简家琛，桂燃．不良贷款约束下商业银行经营效率分析．合作经济与科技，2018，25（10）：66－69.

［122］杨君岐，杜娟．不良贷款约束下我国上市商业银行经营效率评价——基于super－SBM模型．时代金融，2018，714（11）：164－165.

［123］王正耀，杨景陆．非利息收入对我国上市商业银行效率的影响研究——基于超效率SBM模型和面板门槛模型．金融发展研究，2018，（2）：61－67.

［124］陈清，张海军．管理层异质性、权力结构与商业银行经营效率．宏观经济研究，2018，（6）：156－168.

［125］陈诗一，汪莉，杨立．影子银行活动对银行效率的影响——来自中国商业银行的证据．武汉大学学报（哲学社会科学版），2018，71（2）：103－118.

［126］王兵，朱宁．不良贷款约束下的中国上市商业银行效率和全要素生产率研究——基于SBM方向性距离函数的实证分析．金融研究，2011，367（1）：110－130.

［127］蔡跃洲，郭梅军．我国上市商业银行全要素生产率的实证分析．经济研究，2009，（9）：52－65.

［128］汪慧玲，余实．基于DEA的国有、全国性和地方性商业银行

效率差异研究．学习与实践，2010，（8）：18－24.

［129］刘瑞波，张小霞．金融危机背景下我国商业银行经营效率分析．财政金融研究，2012，（1）：106－110.

［130］唐天伟，余青，潘岳萍．次贷危机背景下中国商业银行技术效率及生产率变化的比较研究．上海经济研究，2013，（3）：13－22.

［131］张瑜，殷书炉，刘廷华．境外战略投资者提高了我国商业银行的经营效率吗？经济评论，2014，186（2）：139－149.

［132］满媛媛，杨印生，孙巍．商业银行：效率、市场结构与绩效的关系研究．数理统计与管理，2015，34（1）：125－141.

［133］刘笑彤，杨德勇．互联网金融背景下商业银行并购重组选择差异的效率研究——基于商业银行异质性的Malmquist指数实证分析．国际金融研究，2017，（10）：65－75.

［134］孙姝，姜薇．要素价格扭曲与商业银行创新效率损失．金融发展研究，2018，（7）：21－29.

［135］王伟．改制后的农村商业银行效率提高了吗？——来自21家银行的证据．金融理论与实践，2015，431（6）：47－53.

［136］周威皓，刘俊奇．我国农村商业银行全要素生产率影响因素分析——基于微观和宏观二维视角．技术经济与管理研究，2016，（10）：79－83.

［137］毕功兵，梁樑，杨锋．两阶段生产系统的DEA效率评价模型．中国管理科学，2007，（2）：92－96.

［138］葛虹，黄祎．基于关联网络DEA模型的管理效率评价．运筹与管理，2009，18（1）：132－137.

［139］周逢民，张会元，周海，孙佰清．基于两阶段关联DEA模型的我国商业银行效率评价．金融研究，2010，365（11）：169－179.

［140］芦锋，刘维奇，史金凤．我国商业银行效率研究——基于储蓄新视角下的网络DEA方法．中国软科学，2012，（2）：174－184.

［141］丁曼，马超群，周忠宝，刘德彬．基于三阶段加性DEA模型的我国上市商业银行效率研究．系统工程，2013，232（4）：19－26.

［142］傅利福．我国商业银行战略引资效应是否被高估——基于外资

参股对商业银行经营效率影响的再思考．财经科学，2014，(7)：20－26.

［143］周忠宝，喻怀宁，马超群，刘佩，刘文斌．基于自由处置性的网络系统效率评价模型研究．中国管理科学，2015，23（11)：145－152.

［144］刘瑞翔，吕大雪，骆依．不良贷款约束下我国商业银行效率的测评——基于两阶段 DEA 模型的分析．南京审计大学学报，2016，(6)：41－50.

［145］向小东，赵子燎．基于网络 DEA 交叉效率模型的我国商业银行效率评价研究．工业技术经济，2017，280（2)：34－42.

［146］罗蓉，袁碧蓉．利率市场化对我国商业银行效率的影响研究——基于筹资、投资两阶段 DEA 模型效率测度．湘潭大学学报（哲学社会科学版)，2017，41（2)：71－77.

［147］张婷婷．互联网金融背景下我国商业银行效率研究——基于存款视角的网络 DEA 方法．知识经济，2018，23（8)：40－42.

［148］Charnes A.，Cooper W. W.，Rhodes E.. Measuring the Efficiency of Decision Making Units. European Journal of Operational Research，1978，2（6)：429－444.

［149］Fare R.，Grosskopf S.. Productivity and Intermediate Products：A Frontier Approach. Economics Letters，1996，(50)：65－70.

［150］Malmquist S.. Index Numbers and Indifference Surfaces. Trabajos de Estadistica Y de Investigacion Operativa，1953，4（2)：209－242.

［151］Delis M. D.，Kouretas G. P.. Interest Rates and Bank Risk－Taking. Journal of Banking and Finance，2011，35（4)：840－855.

［152］方长丰，刘淑莲．商业银行绩效影响因素：产业结构、治理结构与宏观经济环境．金融论坛，2011，186（6)：9－17.

［153］安辉，张芳．创新驱动、利率市场化与银行业效率提升．改革，2017，277（3)：139－149.

［154］冯璐，吴梦．互联网金融对中国商业银行利润效率的影响研究．武汉金融，2018，(10)：41－47.

［155］Berger A. N.，Mester L. J.. Inside the Black Box：What Explains Differences in the Efficiencies of Financial Institutions? Journal of Banking & Finance, 1997, 21 (7): 895 -947.

[156] Robert D. Y., Iftekhar H.. The Performance of De Novo Commercial Banks: A Profit Efficiency Approach. Journal of Banking and Finance, 1998, (22): 142 -150.

[157] Jackson P. M., Fethi M. D.. Evaluating the Technical Efficiency of Turkish Commercial Banks: An Application of DEA and Tobit Analysis. International DEA Symposium, University of Queensland, Brisbane, Australia, 2000: 2 -4.

[158] Hermalin B. E., Wallance N. E.. The Determinants of Efficiency and Solvency in Savings and Loans. Journal of Economics, 1994, 25 (3): 361 -381.

[159] Kaparakis E. I., Miller S. M., Noulas A. G.. Short - run Cost Inefficiency of Commercial Banks: A Flexible Stochastic Frontier Approach. Journal of Money, Credit and Banking, 1994, 26 (4): 873 -893.

[160] 胡姝，张晨．互联网金融对商业银行风险承担的影响——基于经营效率的中介效应．新时代经济高质量发展下的会计创新——中国会计学会高等工科院校分会第25届年会（2018）论文集．西安，2018：7 -18.

[161] Sufian F.. The Impact of the Asian Financial Crisis on Bank Efficiency: The 1997 Experience of Malaysia and Thailand. Journal of International Development, 2010, 22 (7): 866 -889.